An Introduction to Option Trading

옵션 운용 입문

Frans de Weert 지음

추정호 · 구교진 · 황보승우 옮김

경문사

역자 서문

우리나라의 파생상품시장 규모는 금융 위기의 여파에도 불구하고 여전히 세계 상위권을 유지하고, KOSPI200 지수 옵션 시장의 거래량은 부동의 세계 1위를 기록하고 있다. 또한 그 성장세 또한 지속되어 최근에는 주식워런트증권(ELW)시장 역시 단기간에 거래대금 세계 2위의 시장으로 급성장하고 있다. 이러한 시장상황에도 불구하고 파생상품, 특히나 옵션에 대한 알맞은 가이드북이 부재함으로 인하여 시장에 참여하는 투자자들, 특히나 개인투자자들의 옵션상품에 대한 이해의 수요를 충족시키지 못하고 있는 것이 현실이다. 많은 경우에 개인투자자들은 자신이 투자하는 파생상품에 대한 기본적 이해가 없이 단순한 방향성 매매등과 같은 전략을 취함으로써 이익과 손실을 넘나들다 결국 실패하는 경우가 대부분이다.

이러한 현실에서 F.D. Weert의 An Introduction to Options Trading는 불가피한 몇몇 경우를 제외하면 수학적인 설명은 배제하고 트레이더의 관점에서 직관적이고 간단하게 옵션에 대한 설명으로 내용을 전개하고 있기에, 입문 단계에 있는 투자자뿐만 아니라 실제 업계에 종사하고 있는 실무자와 금융수학/금융

공학을 전공하는 학생들에게도 매우 유익한 서적이라 생각하여 번역을 하게 되었다.

이 책은 옵션시장에 대한 기본적인 이해를 하고자 하는 독자를 대상으로, 초반부에서는 옵션과 관련한 기본적인 용어 및 이론 설명을 간단히 다루고 후반부에서는 실제 옵션 트레이더들의 헤지 트레이딩에 대한 기본적인 개념과 트레이더의 운용 수익에 관하여 논의를 한 후에 옵션 투자의 여러 전략에 대해 설명을 하였다.

이 책의 번역을 위해 전폭적인 지원을 해주신 동양종합금융증권의 김희동 상무님을 비롯한 직원 여리분께 감사의 뜻을 전하고, 경문사 관계자 분들께도 감사의 뜻을 표한다.

2010년 2월

을지로에서 역자 일동

머리말

이 책은 옵션(option)에 대한 전체적인 개관을 알고자 하는 사람들을 위한 책이다. 특히, 이 책은 옵션 헤지 거래와 헤지 거래를 통해 트레이더들이 수익을 창출하는 방법에 대해 다루고 있다. 옵션 트레이더들의 수익 원천을 소개하고, 옵션 이론의 기본 용어를 설명한 후에, 옵션 이론과 수익의 관계를 보여준다. 수학적 설명은 최소한으로 줄였다. 그러나 특정 현상에 대해 피상적이 아닌, 명확하고 개괄적인 설명이 필요할 때에는 수학적인 설명이 사용되었다.

이 책의 목적은 옵션 전문가는 물론, 옵션 개인투자자들에게 실질적으로 옵션 거래를 위해 필요한 수단의 제공에 있다. 투자자들이 그들의 욕구를 만족시키기 위해 왜 옵션을 사용하는 지를 실례를 들어 설명할 것이다. 이 책이 옵션 전문가가 되기 위한 필수적인 내용을 다루고는 있지만, 결코 좋은 트레이더로 만들어 줄 수는 없다. 트레이더 업무의 90%는 극한의 손실에 대처하고 손실 발생 시 적절한 의사결정을 하는 것이다. 좋은 트레이더가 되기 위해서는, 투자자들의 옵션 투자 전략을 도와주는 입장에서, 불가피하게 위험보상(risk reward)을 받기는 힘들지만, 가능성은 항상 그의 편인 포지션으로 마무리해야 한다는 것을 인정해야 한다. 때문에 한 쪽의 손실은 항상 한 쪽의 이익보다 클 수 밖에 없다. 그러나 트레이더가 많은 거래를 성사시킴으로써 각각의 거래들로부터 생기는 작은 마진을 통해 결국 수익을 창출할 수 있다.

감사의 글

이 책은 내가 Barclays Capital에서 트레이더로 근무하며 얻은 지식들을 기반으로 쓰여졌다. 때문에, Barclays Capital 근무시절 나에게 옵션 이론과 실습을 가르쳐 준 동료들에게 감사의 말씀을 전하고 싶다. 특히, 나에게 옵션 트레이딩을 성공적으로 실습하고 습득할 수 있도록 많은 기회를 제공해 주신 Barclays Capital의 Kaisal Khan와 Thierry Lucas에게도 감사드린다. 또한, 리뷰를 도와준 Thierry Lucal와 수학적 통찰력을 제공해준 Alex Boer에게도 감사의 뜻을 전하고 싶다. 나에게 처음으로 확률 이론의 기초를 다져주고 수학 졸업논문과 이 책의 리뷰를 도와준 Karma Dajani에게도 감사의 뜻을 전한다. 내 인생에서 수학을 전공할 수 있도록 든든한 지원자가 되어주시고 전체적인 책 리뷰를 도와주신 나의 아버지, Jan de Weert에게도 깊은 감사를 드린다.

차 례

도입의 글

최근 몇 년 전부터 파생상품의 중요성이 증가하고 있다. 그 예로 옵션, 선물, 선도, 스왑을 들 수 있다. 모든 파생상품들이 각각의 쓰임이 있으나, 그들의 가치가 주식, 이자율과 같은 기초적인 변수들에 의해 결정된다는 점에서 공통점을 가진다. 이 책은 옵션만을 다룰 것이나, 옵션 이론을 다른 파생상품들로 쉽게 확장하여 적용할 수 있다.

이 책은 3가지 목적으로 쓰여졌다. 첫째, 옵션 이론에서 널리 쓰여지고 있는 용어들을 소개하고 설명하는 것. 둘째, 옵션 트레이더들이 어떻게 수익을 얻는지 그리고 일반적으로 사용되는 용어들이 어떻게 수익들과 연관되는지를 보여주는 것. 마지막으로, 회사와 투자자들이, 그들의 재무적인 욕구를 충족시키기 위해서 옵션을 사용하는 이유를 보여주는 것이다.

1 장

옵 션

주식 옵션이 처음으로 체계를 갖추고 거래된 것은 1973년이다. 이는 블랙과 숄즈가 그 유명한 블랙-숄즈 공식을 발표했을 때와 우현히 일치한다. 이 공식은 기초자산, 만기, 이자율과 같은 변수들을 이용하여 옵션의 가격을 계산한다. 블랙-숄즈 공식과, 공식에 사용되는 변수들에 대해서는 다음 장에서 자세히 설명할 것이다. 1973년부터 옵션 시장은 거래량의 증가뿐만 아니라 거래되는 상품들의 범위에서도 가파른 성장세를 보였다. 요즘에는 전세계의 많은 거래소에서 옵션거래가 이루어지고 있으며, 이용되는 기초자산 또한 주식, 주가지수, 통화, 상품등으로 다양해졌다.

일반적인 옵션으로는 콜옵션(call option)과 풋옵션(put option)이 있다. 콜옵션은 매수자에게 기초자산을 미리 정해진 날짜에 미리 정한 가격으로 살 수 있는 (의무가 아닌) 권리를 제공한다. 풋옵션은 매수자에게 기초자산을 미리 정해진 날짜에 미리 정한 가격으로 팔 수 있는 (의무가 아닌) 권리를 제공한다. 이때, 미리 정해진 가격을 행사가(strike price)라 하고, 미리 정해진 날짜를 만기일(maturity)이라 한다. 실제로 옵션의 기초자산은 농산물, 날씨 또는 주식과 같이 어떤 것도 가능하나, 이 책에서는 기초자산을 주식만으로 한정한다.

콜옵션의 매수자가 주식을 사기로 결심한다면 이를 옵션의 권리를 행사(exercise)한다고 표현하다. 물론, 풋옵션의 경우도 마찬가지로 매수자가 주식을 팔기로 결심한다면 이것 또한 옵션을 행사(exercise)한다고 말한다. 옵션의 행사가 만기 날짜에만 가능하면 이러한 옵션을 유럽형 옵션(European option)이라고 하며, 만기전까지 언제든지 행사가 가능하다면 미국형 옵션(American option)이라고 한다. 더 많은 종류의 옵션이 존재하지만, 가장 중요한 옵션들(미국형 콜옵션, 미국형 풋옵션, 유럽형 콜옵션, 유럽형 풋옵션)만을 이 책에서 다룰 것이다. 미국형 옵션은 거래소에서 거래되는 가장 대표적인 옵션이다.[1] 그러나 미국형 옵션의 특성은 그에 상응하는 유럽형 옵션을 통해 유추할 수 있으므로 유럽형 옵션을 분석하는 것이 보다 유용하다.

예제로 들어가기 전에, 옵션의 정의에 대하여 중요한 하나를 언급할 것이 있다. 옵션의 매수자에게는 옵션을 행사해야 하는 의무가 없다. 옵션 매수자가 해당 권리를 행사할지 말지를 선택할 수 있다는 점이 옵션[2]이라 불리는 이유다.

[1] 한국에서는 유럽형 옵션이 활발하게 거래된다. (역자주)

[2] 영어 단어 option은 선택, 선택의 자유를 뜻한다. (역자주)

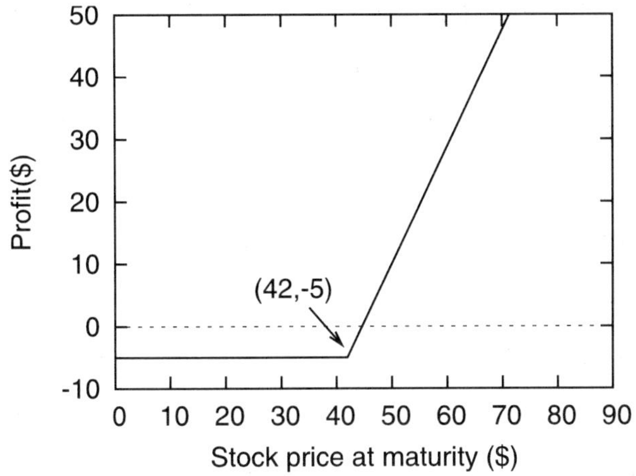

그림 1.1: Royal Dutch/Shell에 대한 유럽형 콜옵션의 매수포지션의 손익. 옵션 가격 = $5, 행사가 = $42

1.1 사례

기초자산을 Royal Dutch/Shell로 하는 행사가 $42인 유럽형 콜옵션을 가지고 있다고 가정하자. 지금의 주가가 $40이라고 하고, 이 옵션의 만기는 1년이며 현재 가격은 $5라고 하자. 유럽형 옵션이기 때문에, 옵션은 만기일에만 행사가 가능하다. 이 옵션의 예상 손익은 얼마일까?

만약, 만기날 주가가 $42보다 낮으면, 옵션의 매수자는 이 옵션의 권리를 행사하지 않을 것이다. 만약 옵션을 행사한다면 시장에서 $42보다 낮은 가격으로 거래되는 주식을 $42에 매수하게 된다. 때문에, 매수자는 권리를 행사함으로써 손실이 발생한다. 반면, 옵션을 행사하지 않으면 아무 일도 발생하지 않는다. 결국 만기일에 주가가 \$42보다 낮으면, 매수자는 옵션을 행사하지 않는다. 이때, 옵션 매수자의 손실은 옵션을 매수할 때 지불한 금액이고, 이 경우 \$5이다. 만기일에 주가가 \$42와 \$47 사이에 있다면, 매수자는 이 옵션의 권리를 행사할 것이다. 만약, 만기일에 주가가 \$45라면, 매수자는 옵션을 행사함으로써, \$42를 지불하고 주식을 매입 후 바로 시장에서 \$45에 매도하여 \$3의 이익을 얻게 된다. 그러나, 옵션을 매입할 당시 \$5를 지불했기 때문에, 여전히 \$2의 손실이 발생한다. 만기일에 주가가 \$47이상이 되지 않는 경우에 옵션 매수자는 손실을 보게 된다. 만기일에 주가가 \$47이상인 경우에 옵션 매수자는 권리를 행사함으로써, 옵션 매수 비용을 고려하여도 수익이 발생한다. 예로서, 만기날 주가가 \$49일 때, 매수자의 수익은 \$2(옵션행사로 인한 수익 \$7과 옵션가격 지불로 인한 −\$5의 합)이다. 그림 1.1은 Royal Dutch/Shell을 기초자산으로 하는 콜옵션의 매수자가 만기시점에 갖는 수익 그래프이다.

이 예제는 콜옵션 매수자의 수익은 주가가 올라갈수록 증가함을 보여준다. 때문에, 콜옵션 매수자는 주가가 상승할 것이라 예상하고 투자하는 것이다. 콜옵션과 반대로, 풋옵션의 매수자는 주가가 하락할 것을 기대한다. Unilever를 기초자산으로 하는 행사가 \$50인 유럽형 풋옵션의 매수자의 경우를 생각해보자. 현재의 Unilever의 주가가 \$50이고, 만기는 6개월 뒤이며, 옵션의 가격이 \$3이라고 가정하자. 이 옵션은 또한 만기에만 행사 가능한 유럽형 옵션이다. 이 풋옵션의 예상 손익은 얼마일까? 만약, 만기에 주가가 \$50이상이었다면, 매수자는 옵션을 행사하지 않을 것이다. 왜냐하면, 옵션 매수자는 옵션을 행사함으로써, 시장에서 $50보다 높게 거래되고 있는 주식을 $50에 매도해야 하기 때문에 손실이 발생한다. 때문에, 주가가 $50보다 높을 경우에 매수자는 옵션을 행사하지 않을 것이고 초기에 옵션 매수 가격인 $3만큼의 손실을 보게 된다.

만약, 만기시점에 주가가 $50과 $47 사이에 있다면 옵션 매수자는 옵션을 행사하겠지만 전체적으로 손실을 보게 된다. 이것은 옵션의 행사로 수익이 발생하지만 그 수익이 옵션의 매수를 위해 지불한 $3보다 적은 금액이기 때문이다. 만기시점에 주가가 $47보다 낮으면 옵션 매수자는 옵션을 행사할 것이고 전체적으로 수익을 얻게 된다. 시장에서 주식을 매수한 후, 옵션의 권리 행사로 $50의 가격으로 매도하면 $3이상의 수익을 얻게 된다. 이때, 옵션의 가격이 $3였으므로, 전체적으로 수익을 얻게 된다. 그림 1.2는 기초자산을 Unilever로 하는 풋옵션 매수자가 만기시점에 갖는 수익 그래프이다.

1.2 미국형 옵션과 유럽형 옵션

앞의 예제에서 만약 해당 옵션이 유럽형이 아닌 미국형이었다면, 매수자는 옵션 행사를 위해서 만기까지 기다릴 필요가 없다. Unilever를 기초자산으로 하는 풋옵션의 경우라면, 6개월 내에 언제든지 행사가 가능하다. 때문에, 3개월 뒤 주가가 $40이었다면, 매수자는 옵션을 행사할 것이다. 옵션 행사로 $10의 수익을 얻고 여기에 옵션 매수에 지불한 옵션가격 $3를 뺀 $7의 수익을

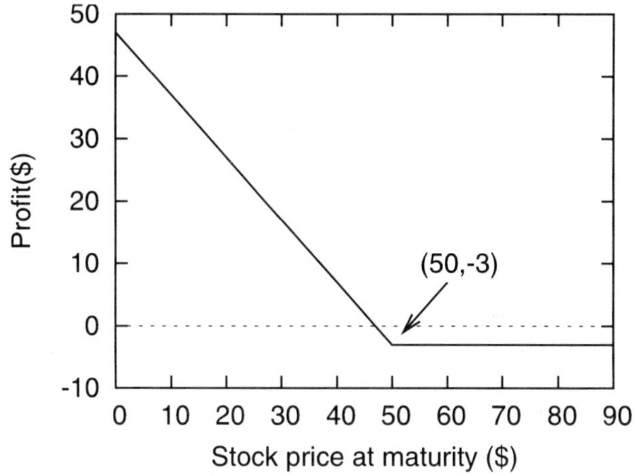

그림 1.2: Unilever에 대한 유럽형 풋옵션의 매수포지션의 손익. 옵션 가격 = $3, 행사가 = $50

얻을 수 있기 때문이다.

유럽형 옵션의 특성은 미국형 옵션도 가지고 있으나, 미국형 옵션은 만기 전에 언제든지 행사가 가능하다는 추가적인 특성을 가지고 있다. 이는 미국형 옵션이 항상 유럽형 옵션보다 큰 가치(가격)를 갖는다는 것을 의미한다.

주로 거래소에서 거래되는 옵션은 미국형이지만,[3] 이 책에서는 유럽형 옵션을 위주로 다루도록 하겠다. 미국형 옵션은 유럽형 옵션과 같은 원리를 기본으로 하고 있기 때문에, 논쟁의 여지는 있으나 유럽형 옵션에서 그 특성을 유추할 수 있다. 이 책에서 옵션은 특별한 언급이 없는 한 유럽형으로 가정한다.

[3]한국 거래소에서 활발하게 거래되는 옵션은 유럽형이다. (역자주)

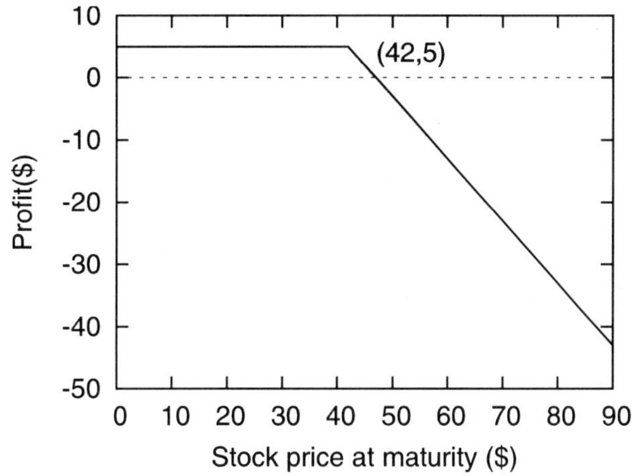

그림 1.3: Royal Dutch/Shell에 대한 유럽형 콜옵션의 매도 포지션의 손익. 옵션 가격 = \$5, 행사가 = \$42

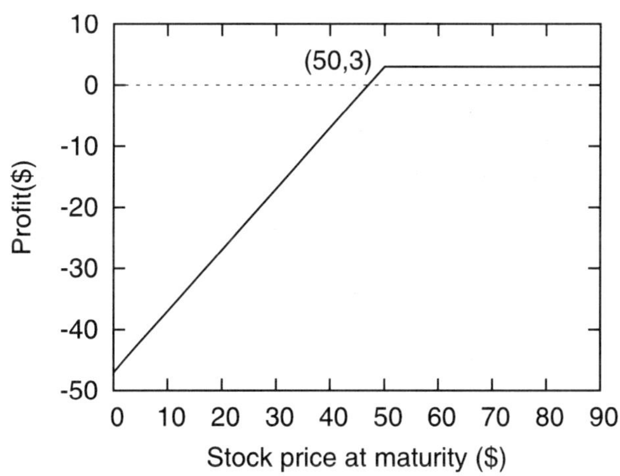

그림 1.4: Unilever에 대한 유럽형 풋옵션 매도 포지션의 손익. 옵션 가격 = \$3, 행사가 = \$50

1.3 용어 정리

옵션은 두 거래 상대방 간의 계약이다. 옵션 매수자는 매수 상태(long position)를 취했다고 하고 옵션 매도자는 매도 상태(short position)를 취했다고 하거나 옵션을 발행(write)했다고 표현한다. 때문에 일반적으로 아래와 같은 4가지의 상태가 존재한다.

1. 콜옵션의 매도
2. 풋옵션의 매도
3. 콜옵션의 매수
4. 풋옵션의 매수

상태 1과 4, 그리고 상태 2와 3이 행사가가 같다면 기본적으로 같은 상태라고 볼 수 있으나 큰 차이점이 있다.[4] 매도 상태의 경우, 수익은 한정되어 있지만 손실의 가능성은 무제한이기 때문에 더 큰 위험을 가지고 있다. 그러므로, 매도자는 매수자로부터 옵션 가격만큼의 돈을 받아야 한다. 예를 들어, 콜옵션의 매도자는 발생 가능한 손실은 제한이 없으나, 콜옵션의 매수자의 손실은 옵션 가격만큼으로 제한된다. 또한, 콜옵션의 매도자의 수익은 옵션의 가격으로 제한되지만, 매수자의 수익은 무제한이다. 그렇다고 해서, 모든 매도자의 발생 가능한 손실이 무제한이라는 것은 아니다. 풋옵션의 매도자의 경우, 주가가 0보다 작을 수 없기 때문에, 최대 손실은 옵션의 행사가 만큼이다. 그림

[4]상태 1과 4는 주가가 하락하면 수익이 나고, 상태 2와 3은 주가가 상승하면 수익이 난다는 점에서 공통점을 갖는다. (역자주)

표 1.1: 옵션의 상태들

Ratio	State call option	State put option
$\frac{S_t}{K} = 1 + \frac{x}{100} > 1$	x% in the money	x% out of the money
$\frac{S_t}{K} = 1$	At the money	At the money
$\frac{S_t}{K} = 1 - \frac{x}{100} < 1$	x% out of the money	x% in the money

1.3과 1.4는 각각 Royal Dutch/Shell을 기초자산으로 하는 미국형 콜옵션의 매도 상태와 Unilever를 기초자산으로 하는 미국형 풋옵션의 손익 그래프를 보여준다. 그림 1.3과 1.4 그리고 그림 1.1과 1.2를 각각 비교해 보면 매도 상태가 매수 상태에 비해 큰 위험을 가지고 있음을 확인할 수 있다.

옵션에는 내가격(ITM; in the money), 등가격(ATM; at the money), 외가격(OTM; out of the money)의 3가지 상태가 존재한다. 이들은 해당 옵션이 즉시 행사되었을 때의 상황을 설명한다. Royal Dutch/Shell을 기초자산으로 하는 행사가 $42의 콜옵션의 경우를 생각해 보자. Royal Dutch/Shell의 주가가 $42보다 높을 때, 콜옵션은 그 즉시 행사하면 수익이 발생하기 때문에 내가격이 된다. 주가가 $42라면, 콜옵션을 행사하더라도 수익이 발생하지 않기 때문에 등가격이 된다. 주가가 $42보다 낮은 경우에는 행사를 하게 되면 손실이 발생하기 때문에 외가격이 된다. 풋옵션은 이와 반대의 상태를 갖는다. 풋옵션의 경우, 행사가가 주가보다 크면 내가격, 행사가와 주가가 같으면 등가격, 행사가가 주가보다 낮으면 외가격 상태가 된다. 표 1.1에 옵션의 3가지 상태를 정리해 놓았다.

옵션의 내재가치는 옵션을 즉시 행사했을 때 얻을 수 있는 수익을 의미한다. 주가가 $50이고, 행사가가 $40인 콜옵션의 경우, 이 옵션의 내재가치는 $10이다. 이와같이, 내가격 옵션은 양의 내재가치를 가지는 반면, 등가격과 외가격 옵션의 내재가치는 0이 된다.

할인(discounting)의 경제적인 원리에 대해 알아보도록 하자. 다음의 예를 생각해 보자. 1년 만기이며, 만기 시 기대 수익이 $4인 유럽형 옵션을 매수한 옵션 트레이더의 경우를 생각해 보자. 이 옵션의 거래를 하는 양쪽 모두 기대 수익이 0이기 때문에 옵션의 가격 역시 $4일 것이라 생각하기 쉽다. 그러나, 옵션 매도자는 옵션 매수자에 비해 1년 먼저 $4를 받기 때문에 이는 잘못된 생각이다. 그러므로, 1년 동안 예금해서 $4를 받을 수 있는 만큼의 금액이 옵션의 공정가가 된다. 즉, 만약 이자율이 연 6%라면, 공정가는 $\$4/1.06 = \$3.774$이 된다. 이 경우를 할인(discounting)이라고 하며 $4를 6%로 할인한 것이 된다. 위 계산에서는 이자가 일년동안 한번만 지급된다고 가정했다. 실제로, 이자는 연속적으로 지급된다. 그리고 초기 예금액뿐만 아니라 그때까지 받은 이자금액의 합에 대해 이자가 지급되기 때문에 총 예금액은, 한번만 지급되는 경우에 비하여 빠르게 증가한다. 이 때, 할인 공식은 $4 \times e^{-0.06\times 1} = \$3.767$이 된다. 일반적으로 표현하면, 금액 x를 이자율 r로 할인한다면 할인 공식은

$x \times e^{-r(T-t)}$ 가 된다.[5]

마지막으로, 주식을 실제 소유하지 않고 매도하는 경우를 고려해 보자. 이것은 제 3자에게 주식을 빌려서 매도하는 것이다. 그러나 이 주식은 언젠가는 돌려주어야 한다. 예를 들어, 어떤 투자자가 Unilever주식을 빌려 \$50에 매도했다고 가정하자. 투자자는 Unilever주식을 팔아 \$50을 얻는다. 일년 뒤 Unilever의 주가가 \$40이라면, 그는 \$40에 Unilever의 주식을 산 후, 그가 주식을 빌렸던 제3자에게 해당주식을 돌려줄 것이다. 이러한 전략으로 투자자는 이자율이 0%라면 \$10의 수익을 얻는다. 이자율이 r이라면 $50 \times (1+r) - 40$만큼의 수익을, 이자가 연속적으로 지급된다면 $50 \times e^{r \times 1} - 40$ 만큼의 수익을 얻게 된다.

1.4 미국형 옵션의 조기 행사

배당이 없는 주식을 기초자산으로 하는 콜옵션의 경우, 유럽형 옵션과 미국형 옵션의 가격은 같다. 다시 말해, 배당이 없는 주식의 콜옵션을 미리 행사하는 것은 항상 최적의 선택이 아니라는 것이다. 왜냐하면, 주가는 미래 기대 수익이므로 옵션의 생존 기간보다 더 오랜 동안 해당 주식을 보유하고자 하는 투자자가 항상 존재하기 때문이다. 이러한 투자자들이 옵션 부분(시간가치)을 고려하지 않는다고 해도, 이자율의 혜택을 누리기 위하여 주식에 투자하는 대신 같은 주식을 기초자산으로 하는 미국형 콜옵션에 투자할 것이다. 왜냐하면, 콜옵션의 가격이 기초자

[5] 이러한 이자 지급 방식을 연속 복리라고 한다. (역자주)

산인 주식의 가격보다 저렴하기 때문이다. 그렇지 않다면 주식을 사고 콜옵션을 팔아서 차익을 누릴 수 있다. 배당이 없는 기초자산을 옵션의 기간보다 더 오랫동안 보유하고자 하는 투자자의 경우, 옵션의 내재가치를 고려하였을 때 주식을 사는 것보다 콜옵션을 사는 것이 더 싼 값으로 거래가 가능하다. 그러므로, 옵션의 내재가치 이상으로 프리미엄을 지급할 투자자가 존재하게 된다. 이런 점을 이해했다면 배당이 없는 미국형 콜옵션을 미리 행사하는 것은 결코 최적일 수 없다는 것 또한 쉽게 이해할 수 있을 것이다. 기초자산이 Royal Dutch/Shell 이고 행사가가 \$40인 만기 1년짜리 콜옵션을 가정해보자. 만약, 반년 뒤에 주가가 \$50이라면 콜옵션의 매수자는 옵션을 행사하면 \$10만큼의 수익을 얻는다. 그러나, 옵션의 가격은 내재가치보다 높기때문에 콜옵션을 행사하는 것보다 시장에서 매도하는 것이 더 많은 수익을 준다. 또 다른 전략으로 옵션을 보유하고 해당 주식을 파는 방법이 있다. 이 방법을 통해 주식을 매도하여 발생한 \$50에서 이자 수익을 기대할 수 있으며, 그 수익은 옵션 행사를 통해 생긴 \$10에서 기대할 수 있는 이자 수익보다 클 것이다. 이는 옵션의 기대 수익이 \$10보다 크다는 것을 의미한다.

그러나, 미국형 풋옵션의 경우는 미리 행사하는 것이 더 유리하다. 이는 간단한 예제를 통해 설명할 수 있다. 기초자산이 Royal Dutch/Shell이고 행사가가 \$40인 1년 만기 풋옵션을 생각해 보자. 극단적인 경우를 가정해서, 6개월 뒤에 Royal Dutch/Shell의 주식이 무가치하게 되었다고 하자. 풋옵션의 행사를 통해 투자자는 \$40의 수익을 얻게 된다. 투자자가 옵션행사를 미루었지만, 주가가 0보다 낮을 수는 없으므로 $40보다 큰 수익을 기대할 수 없고, 주가의 상승시에는 수익이 $40보다 작을 수 있다. 이는 배당이 없는 주식을 기초자산으로 하는 미국형 풋옵션을 미리 행사했을 때의 특징을 보여준다. 게다가, 이자 수익을 고려했을 때 미래에 $40을 받는 것보다 지금 $40을 받는 것을 더 선호하게 된다. 이런 이유에서 미국형 풋옵션은 즉시 행사하는 것이 그렇지 않은 경우에 비하여 유리하다.

1.5 수익 구조

예제에서 살펴보았듯이 옵션은 그 권리를 행사하지 않을 수 있기 때문에 옵션의 수익(payoff)은 음의 값을 가질 수 없다. 그렇지만, 옵션 매수자의 손익(profit)은 음의 값을 가질 수 있다. 옵션을 매수할 때 옵션의 가격을 지불해야 하기 때문이다. 그러므로 옵션의 수익(payoff)와 손익(profit)을 구분할 필요가 있다. 수익(payoff)는 옵션이 행사되었을 당시의 현금흐름만을 고려하지만, 손익(profit)은 옵션 매수 시의 가격까지도 고려한다. 옵션의 만기 시점에서 수익은 간단하게 유도할 수 있다. S_T가 만기날 기초자산의 주가이고 K가 행사가격이라고 했을 때, 유럽형 콜옵션의 만기 수익 구조는 다음과 같다.

$$\max(S_T - K, 0)$$

이 공식은 옵션이 $S_T > K$일때 행사될 것이고, $S_T \leq K$일때는 행사되지 않는다는 사실에 따른 것이다. 유럽형 콜옵션의 매도 상태의 만기 수익 구조는 다음과 같다.

$$-\max(S_T - K, 0)$$

옵션 매수자가 옵션을 행사함에 따라서 발생하는 수익의 같은 금액만큼 옵션 매도자에게 손실이 난다. 따라서, 옵션 매도상태의 수익과 매수상태의 수익의 절대값은 같고 부호는 반대이다. 유럽형 풋옵션의 매수자의 만기 수익 구조는 다음과 같다.

$$\max(K - S_T, 0)$$

이 공식은 풋옵션의 경우 $S_T < K$ 일 때 행사되고, $S_T \geq K$ 일 때는 행사되지 않는다는 것을 보여준다. 유럽형 풋옵션의 매도자의 만기 수익 구조는 다음과 같다.

$$-\max(K - S_T, 0)$$

1.6 풋-콜 패리티

풋-콜 패리티는 콜옵션과 풋옵션의 행사가와 만기가 같다고 가정했을 때, 콜옵션의 가격(c_t), 풋옵션의 가격(p_t), 주가(S_t) 그리고 행사가(K)의 관계를 나타낸다. 풋-콜 패리티를 증명하기 위해서는 차익거래(arbitrage)가 존재하지 않다는 가정이 필요하다. 차익거래는 무위험 거래를 통해 수익을 낼 수 있는 것을 의미한다. 즉, 차익거래 전략의 손익은 0보다 작을 수 없고, 양의 수익의 기회가 존재한다. 차익거래가 존재하지 않는다는 가정은 현실적으로 합리적인 가정이다. 만약에 차익 거래가 존재하지 않는다면 아래와 같은 풋-콜 패리티가 성립하고, 반대로 아래의 풋-콜 패리티가 성립하지 않는다면 차익거래가 존재하게 된다.

$$c_t - p_t = S_t - Ke^{-r(T-t)} \tag{1.1}$$

여기에서

$$\begin{aligned}
c_t &= \text{만기가 } T-t\text{이고, 행사가가 } K\text{인 유럽형 콜옵션의 가격} \\
p_t &= \text{만기가 } T-t\text{이고, 행사가가 } K\text{인 유럽형 풋옵션의 가격} \\
S_t &= \text{시각 } t\text{에서 (콜옵션과 풋옵션의) 기초자산의 주가} \\
r &= T-t\text{와 같은 시간단위를 이용하여 퍼센트로 표현한 금리} \\
K &= \text{행사가}
\end{aligned}$$

풋-콜 패리티가 성립하지 않는다면, 차익거래가 존재한다는 처음 가정에 모순된 결과가 나온다는것을 보임으로써 풋-콜 패리티가 성립한다는 것을 증명하겠다. 이를 보이기 위해 2단계의 과정을 거쳐야 한다. 첫째로, $c_t - p_t > S_t - Ke^{-r(T-t)}$를 가정하고, 이런 경우에 차익 기회가 있음을 보일 것이다. 다음으로, $c_t - p_t < S_t - Ke^{-r(T-t)}$를 가정하고, 이런 경우에 또한 차익 기회가 있음을 보일 것이다. 풋-콜 패리티가 차익거래가 존재하지 않는 것을 가정하고 있기 때문에, 차익 거래가 존재한다는 것은 모순된 결과이며 식 (1.1)이 성립한다는 것이 증명된다.

1. $c_t - p_t > S_t - Ke^{-r(T-t)}$임을 가정하자. 즉

$$K + e^{r(T-t)}(c_t - p_t - S_t) > 0 \tag{1.2}$$

시각 t에 아래의 포트폴리오를 구성하면, 만기 T에 항상 수익이 난다.

○ t시점에서

– 기초자산인 주식 1주 매수 (수익 : $-S_t$)

– 풋옵션 1개 매수 (수익 : $-p_t$)

– 콜옵션 1개 매도 (수익 : c_t)

이 포트폴리오의 전체 수익은 :

$$c_t - p_t - S_t \tag{1.3}$$

○ 만기 T시점에

$\boxed{K > S_T\text{인 경우}}$ 이 경우, 콜옵션은 행사되지 않을 것이고, 풋옵션은 행사될 것이다. 풋옵션이 행사되면, 포트폴리오의 기초자산은 행사가 \$K에 매도 되며 포트폴리오의 포지션이 정리된다. 이 포트폴리오의 손익은 다음과 같다.

$$K + e^{r(T-t)}(c_t - p_t - S_t) > 0 \tag{1.4}$$

$\boxed{K < S_T\text{인 경우}}$ 풋옵션은 행사되지 않겠지만 콜옵션은 행사될 것이다. 콜옵션이 행사되면, 포트폴리오의 기초자산은 콜옵션의 매수자에게 \$K 가격으로 팔리고 포트폴리오의 포지션이 정리된다. 포트폴리오의 수익은 다음과 같다.

$$K + e^{r(T-t)}(c_t - p_t - S_T) > 0 \tag{1.5}$$

2. $c_t - p_t < S_t - Ke^{-r(T-t)}$라 하자. 즉,

$$e^{r(T-t)}(S_t + p_t - c_t) - K > 0 \tag{1.6}$$

t시점의 아래의 포트폴리오를 구성하면, 만기 T 시점에서 항상 수익을 낼 수 있다.

◦ t시점에서,

– 주식 1주 매도 (수익 : S_t)

– 풋옵션 1개 매도 (수익 : p_t)

– 콜옵션 1개 매수 (수익 : $-c_t$)

이러한 포트폴리오의 총 수익은

$$S_t + p_t - c_t \tag{1.7}$$

◦ 만기 T 시점에

$\boxed{K > S_T\text{인 경우}}$ 콜옵션은 행사되지 않지만, 풋옵션은 행사될 것이다. 풋옵션이 행사되면 풋옵션 매수자는 \$K를 지불하고 기초자산을 매도할 것이고 이 기초 자산의 매도 상태가 정리된다. 이 때, 포트폴리오의 손익은 다음과 같다.

$$e^{r(T-t)}(S_t + p_t - c_t) - K > 0 \tag{1.8}$$

$\boxed{K < S_T\text{인 경우}}$ 풋옵션은 행사되지 않지만 콜옵션은 행사될 것이다. 콜옵션이 행사되면 \$K를 지불하고 기초자산을 매수하여 기초자산의 매도 상태가 정리된다. 이 때, 포트폴리오의 손익은 다음과 같다.

$$e^{r(T-t)}(S_t + p_t - c_t) - K > 0 \tag{1.9}$$

수식 $c_t - p_t > S_t - Ke^{-r(T-t)}$ 와 수식 $c_t - p_t < S_t - Ke^{-r(T-t)}$ 를 가정했을 때, 차익거래가 가능하다는 것은 결국 풋-콜 패리티 수식 $c_t - p_t = S_t - Ke^{-r(T-t)}$ 가 성립해야 함을 보여준다.

2 장

블랙-숄즈 공식

1장에서 옵션의 정의를 살펴보았다. 또한, 예제를 통해 옵션의 수익 구조와 손익을 알아보았다. 예제에서는 옵션의 가격이 항상 주어졌으나 실제에서는 옵션의 공정가가 얼마인지 직접 확인해야 한다. 이때, 공정(fair)하다는 것은 옵션 계약에 있어 두 거래 상대방의 기대 손익이 0이라는 것을 의미한다. 블랙-숄즈 공식은 옵션의 공정가를 계산할 수 있는 좋은 방법이다. 옵션의 정의에서 보았듯이 옵션의 가격은 행사가, 기초자산의 가격, 만기의 영향을 받는다. 그리고, 옵션의 가격은 몇몇의 불분명한 변수들에 의해서도 영향을 받는다. 이런 변수들로는 이자율, 기초자산의 변동성, 기초자산의 배당이 있다. 이러한 변수들이 옵션 가격에 영향을 주는 것을 간단한 예제를 통해 알 수 있다.

- 금리: 예금 금리가 연 5%라고 가정하자. 이때, 1년 만기 풋옵션의 가격이 \$10이다. 이 옵션의 매도자는 \$10을 받게 되고 이 현금을 예금 계좌에 넣어 두면 5%에 해당하

는 이자를 받는다. 결과적으로, 옵션 만기 시점에 그는 총 10.5(= 10 × 1.05)에 해당하는 금액을 갖게 된다. 옵션의 가격은 공정해야 하기 때문에, 이 옵션 매수자의 기대 수익 역시 $10.5와 같아야 한다. 이제 이자율이 5%가 아닌 6%라고 가정해 보자. 이자율이 높아지면, 주식 수익률의 기대치 또한 높아진다. 그렇지 않다면, 주식 투자자들은 주식을 팔아 그 돈을 예금하려고 할 것이다. 이것은 풋옵션의 기대 수익이 더 낮아야 함을 의미한다. 이것이 일반적인 경우이나, 일단 매수자의 기대 수익이 변함없이 $10.5라고 가정하자. 이때 이 옵션의 적정한 가격은 얼마인가? 그 가격은 매도자가 만기에 갖게 되는 금액인 $10.5와 같아야 한다. 그러므로, 그 가격은 $10.5를 이자율 6%로 할인한 금액과 같아야 한다. 즉, 가격은 $9.91(= 10.5/1.06)이다. 만약 금리의 인상으로인한 주식에서 기대 성장률의 상승을 고려한다면, 풋옵션의 가격은 더욱 하락한다. 이는 이자율이 변하면 옵션의 가격 또한 변해야 함을 보여준다. 금리가 상승하면 풋옵션의 가격은 하락하고 콜옵션의 가격은 상승한다. 이것에 대해서는 2.2장에서 자세히 다루도록 하겠다. 그림 2.1는 이자율 변화에 따른 등가격 콜옵션과 풋옵션의 가격변화를 보여주고 있다. 만약, 이자율이 0이라면 등가격에 있는 콜옵션과 풋옵션의 가격은 같아지고 결국 풋-콜 패리티 법칙이 성립하는 것을 알 수 있다. 그리고, 등가격 풋옵션의 가격은 등가격 콜옵션의 가격에 비해 이자율 변화에 더욱 빠르게 변화한다. 이는 등가격 풋옵션의 가격이 등가격 콜옵션의 가격에 비해 이자율 변화에 더욱 민감하다는 것을 의미한다. 보다 자세한 내용은 2.2장에서 다루도록 하겠다.

- 변동성 : 변동성은 복잡한 개념을 가지고 있다. 하지만, 이번 예제에서는 변동성이 옵션 가격에 미치는 영향을 명확히 보여줄 수 있는 간단한 개념만을 설명하도록 하겠다. 변동성은 주가 변화의 정도를 측정하는 변수이다. 가격이 \$50인 Unilever 주식을 생각해 보자. 변동성이 0.1이라는 것은 1년 후 주가가 \$55 또는 \$45가 될 수 있음을 의미한다. 만약 변동성이 0.2라면, 1년 뒤 주가는 \$60이거나 \$40일 것이다. 이제 1년 만기의 기초자산이 Unilever인 유럽형 콜옵션을 생각해 보자. 변동성이 0.1이라면, 만기 시점에 옵션의 기대 수익은 \$2.5 $[=(55-50)\times 0.5+0\times 0.5]$ 이다. 만약 변동성이 0.2라면, 만기 시점에 옵션 기대 수익은 \$5 $[=(60-50)\times 0.5+0\times 0.5]$ 가 된다. 변동성이 0.1인 경우 보다 변동성이 0.2일 때의 기대 수익이 더 크다. 그러므로, 변동성이 0.2인 경우의 옵션 가격 역시 더 커져야 한다. 일반적으로, 변동성이 클수록 옵션의 가격도 크다. 이것은 옵션으로 인한 손실은 옵션의 가격으로 제한되어 있지만 그 이익은 제한이 없기 때문이다. 그림 2.2와 그림 2.3은 각각 변동성에 대한 콜옵션과 풋옵션의 가격변화를 보여준다. 변동성에 대한 콜옵션과 풋옵션 가격의 변화가 비슷한 양상을 보이고 있음을 확인할 수 있다.

- 배당 : Unilever를 기초자산으로 하는 행사가 $50인 1년 만기의 옵션이 있다고 가정하자. 현재 주가는 $50이다. 만약 6개월 뒤 한 주당 $1의 배당이 지급된다면, 주가는 $1만큼 떨어질 것이다. 그러므로, 배당은 Unilever를 기초자산으로 하는 풋옵션 매수자에게는 유리하게 작용하지만 콜옵션 매수자에게는 불리하게 작용한다. 일반적으로 배당은 콜옵션 가격을 하락시키고 풋옵션 가격을 상승시킨다.

이제 각각의 변수들이 옵션 가격에 미치는 영향을 설명하였다. 이제 본격적으로 블랙-숄즈 공식에 대해 논의를 하겠다. 블랙-숄즈 공식은 옵션의 특성을 통해서 옵션의 가격을 산출한다. 사실, 이 공식을 증명하는 것은 이 책의 범위를 벗어나는 것이다. 블랙-숄즈 공식을 언급하는 것은 단지 설명의 완벽성을 위한 것일 뿐, 이것을 완벽하게 이해하지 못한다 하더라도 옵션의 특성을 이해하는 것에서는 전혀 문제될 것이 없다. 수식이 다소 복잡해 보일 수는 있으나, 겁을 먹고 단념하지 않기를 바란다.

블랙-숄즈 공식에서 가장 중요한 점은 옵션의 가격이 행사가(K), 현재 주가(S_t), 잔존만기($T - t$), 이자율(r), 변동성(σ), 배당에만 의존한다는 것이다.[1] 배당은 공식을 복잡하게 만들 수 있어서, 여기에서는 무배당 주식만을 다루도록 하겠다. 배당이 있는 주식에 대한 옵션의 가격을 무배당 주식의 옵션의 가격을 이용해서 계산하는 방법은 3장에서 설명할 것이다.

[1] 만기시의 주가(S_T) 또는 잔존만기 동안의 주식의 수익률에는 의존하지 않는다. (역자주)

무배당 주식에 대한 옵션의 가격에 대한 블랙-숄즈 공식에는 아래와 같은 변수들이 사용된다.

$$
\begin{aligned}
c_t &= t \text{ 시점의 유럽형 콜옵션의 가격} \\
p_t &= t \text{ 시점의 유럽형 풋옵션의 가격} \\
S_t &= \text{기초자산의 주가} \\
T-t &= \text{만기까지의 시간} \\
K &= \text{옵션의 행사가} \\
\sigma &= \text{기초자산의 변동성} \\
r &= \text{이자율}
\end{aligned}
$$

t시점에서의 유럽형 콜옵션의 가격 c_t와 유럽형 풋옵션의 가격 p_t는 아래와 같다.

$$c_t = S_t N(d_1) - K e^{-r(T-t)} N(d_2) \tag{2.1}$$

$$p_t = K e^{-r(T-t)} N(-d_2) - S_t N(-d_1) \tag{2.2}$$

이 수식에서, $N(x)$는 누적 표준 정규 분포이고, d_1, d_2는 다음과 같이 정의된다.

$$d_1 = \frac{\ln(S_t/K) + \left(r + \frac{\sigma^2}{2}\right)(T-t)}{\sigma\sqrt{T-t}} \tag{2.3}$$

$$d_2 = d_1 - \sigma\sqrt{T-t} \tag{2.4}$$

위 수식은 무배당 주식을 기초자산으로 하는 옵션의 가격이 행사가, 기초자산의 가격, 잔존만기, 기초자산의 변동성, 이자율에 의해 결정된다는 사실을 나타낸다. 2.1장, 2.2장 그리고 2.3장에서 블랙-숄즈 공식에 대해 보다 상세히 다루도록 하겠다.

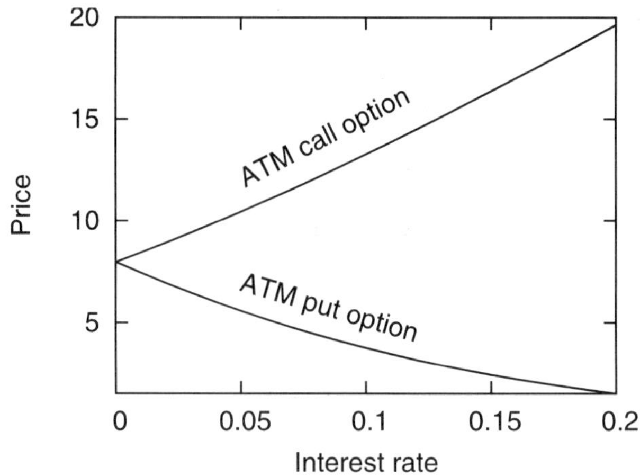

그림 2.1: 금리변동에 따른 등가격 콜옵션과 등가격 풋옵션의 가격 변화

2.1 변동성과 블랙-숄즈 공식

블랙-숄즈 공식에서 사용되는 변동성은 앞에서 설명한 것보다 더 어려운 개념을 내포하고 있다. 블랙-숄즈 공식에서 사용되는 σ는 주가의 표준편차가 아닌 주가의 로그 수익률의 표준편차이다. 이는 만약 3일 동안 주가가 \$50, \$55, \$53이었다면, 하루 변동성은 주가의 변화를 퍼센트로 표현한 것의 표준편차가 아닌, $\ln(55) - \ln(50) = \ln(55/50)$와 $\ln(53) - \ln(55) = \ln(53/55)$의 표준편차가 됨을 의미한다. 변동성의 시간 단위가 잔존만기의 시간 단위, 이자율의 시간단위와 일치해야 한다는 것은 매우 중요하다. 잔존 만기와 이자율이 연 단위라면, 변동성 역시 연 단위로 표시되어야 한다. 다행히도, 일 단위 변동성을 연 단위 변동

성으로 계산할 수 있는 간단한 공식이 있다. (cf. p. 230 of Hull, 1933):

$$\text{연단위 변동성} = \text{일단위 변동성} \times \sqrt{\frac{1\text{년의}}{\text{영업일수}}} \tag{2.5}$$

앞에서 언급했듯이, 변동성이 높아지면 옵션의 가격 또한 높아진다. 이는 블랙-숄즈 공식에서 확인할 수 있다. 옵션의 가격을 변동성에 대해 미분하면 옵션 가격의 변동성에 대한 민감도가 된다. 이 결과가 양수이면 변동성이 증가하면 가격 또한 증가함을 의미한다. 이것은 수식 (2.1)과 (2.2)를 σ에 대하여 미분했을 때의 결과와 정확히 일치한다.

$$\nu_{\text{call,European}} = \frac{\partial c_t}{\partial \sigma} = \frac{1}{\sqrt{2\pi}} e^{-\frac{d_1^2}{2}} S_t \sqrt{T-t} > 0 \tag{2.6}$$

$$\nu_{\text{put,European}} = \frac{\partial p_t}{\partial \sigma} = \frac{1}{\sqrt{2\pi}} e^{-\frac{d_1^2}{2}} S_t \sqrt{T-t} > 0 \tag{2.7}$$

변동성에 대한 옵션 가격의 민감도는 베가(vega)라고 하며, 유럽형의 콜옵션과 풋옵션은 동일한 값을 갖는다. 이 책에서는 베가를 그리스 문자 ν로 표기하기로 한다.

2.2 금리와 블랙-숄즈 공식

2.1장에서 r, σ, $T-t$에서 사용되는 시간 단위가 같아야 한다는 것을 언급하였다. 그래서, 거래일 당 변동성을 연 단위 변동성으로 바꾸는 방법을 소개했다. 이자율 또한 거래일 단위에서 연단위로 변환을 한다. 일 이자율과 연 이자율 사이의 관계는 아래의

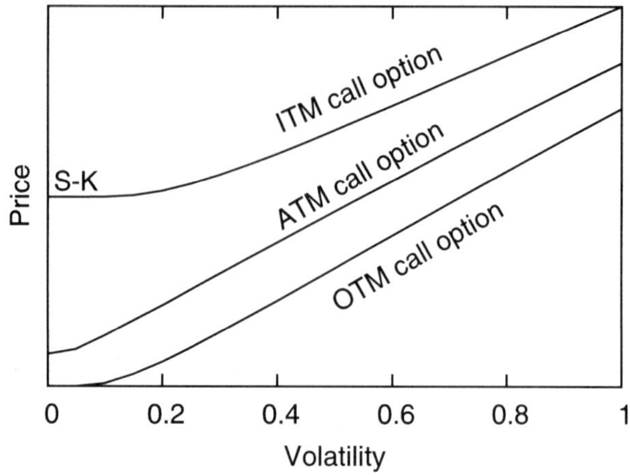

그림 2.2: 변동성의 변화에 따른 콜옵션 가격 변화

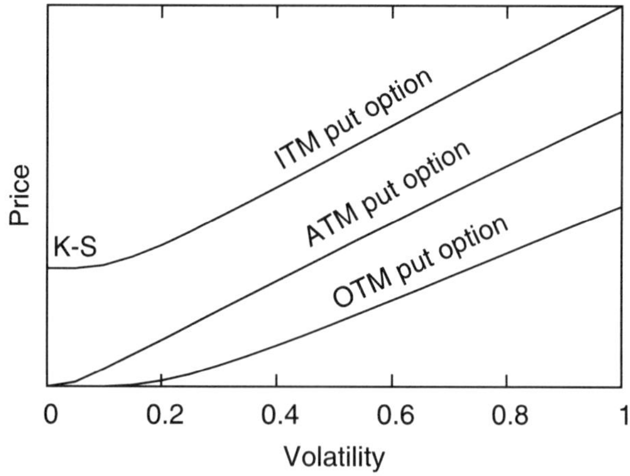

그림 2.3: 변동성의 변화에 따른 풋옵션 가격 변화

간단한 공식을 만족한다.

$$\text{연이자율} = \text{하루 이자율} \times \text{일년 영업일} \tag{2.8}$$

2.1장에서와 같은 분석이 이자율에 대해서도 가능하다. 옵션 가격을 이자율에 대해 미분하면 그 결과는 이자율에 대한 옵션 가격의 민감도가 된다. 물론, 금리가 상승하면 유럽형 풋옵션의 가격은 감소하게 되므로 이 미분의 결과는 음의 값을 갖는다. 콜옵션의 경우 미분 값의 부호를 경제적인 측면에서 추정하기가 쉽지 않다. 다음 공식들은 콜옵션과 풋옵션 가격의 이자율에 대한 미분 값의 결과(부호)를 보여준다. 콜옵션의 미분값이 양이므로, 금리가 상승하면 콜옵션의 가격 역시 증가함을 의미한다.

$$\rho_{\text{call,European}} = \frac{\partial c_t}{\partial r} = K(T-t)e^{-r(T-t)}N(d_2) > 0 \tag{2.9}$$

$$\rho_{\text{call,European}} = \frac{\partial p_t}{\partial r} = -K(T-t)e^{-r(T-t)}N(-d_2) < 0 \tag{2.10}$$

경제적인 관점에서 봤을 때, 이자율이 높으면, 유럽형 풋옵션의 가격이 낮아야 하는 것은 당연한 결과이다. 고금리로 예금 계좌에서 얻는 이익뿐만 아니라 주가의 기대 수익률의 상승이 풋옵션의 가격을 하락 시킨다. 유럽형 콜옵션의 경우는, 주가의 기대 수익률의 상승으로 콜옵션의 가격 상승을, 예금 계좌의 이익이 가격 하락을 가져오기 때문에 가격이 어떻게 될지 명백하지 않다. 수식 (2.9)은 이자율이 증가하면 유럽형 콜옵션 또한 증가함을 보여준다. 이는 예금 계좌의 가격 하락 효과보다 기대 수익률로 인한 가격 상승 효과가 크다는 것을 의미한다. 풋옵션의 경우에는 두 가지 효과가 모두 가격 하락의 결과를 가져오기 때문에, 콜옵션의 가격에 비해 풋옵션의 가격이 이자율 변화에 보다 더 민감하게 된다. 이자율에 대한 옵션 가격의 민감도는 로우(rho)라고 부르며 그리스 문자 ρ로 나타낸다.

2.3 미국형 옵션의 평가

블랙-숄즈 공식은 옵션의 공정 가격을 찾아내기 위한 하나의 방법이다. 이는 유럽형 옵션에 잘 적용이 되지만 배당이 있는 주식을 기초자산으로 하는 미국형 콜옵션과 미국형 풋옵션의 가격 계산에는 적용되지 못한다. 때문에 이항 트리 모형(binomial tree model)이라는 또 다른 모델이 존재한다. 실제로 이항 트리 모형은 미국형 옵션의 가격을 결정하는 보편적인 방법이다. 이항 트리 모형은 주가의 흐름을 시뮬레이션을 하고 어떤 시점에 서로 다른 상태에서 옵션의 행사를 하는 것이 최선인지 아닌지를 확인하여 옵션의 가격을 찾아낸다. 이런 점에서 블랙-숄즈 공식과는 다르나, 동일한 변수를 사용한다는 점에서 같다고 할 수 있다. 그러므로, 옵션을 이해하기 위해서는 블랙-숄즈 모형을 사용하는 것만으로 충분하고, 간편성을 고려했을때에는 오히려 유용하다고 할 수 있다.

3 장

배당

배당이 옵션 트레이더에게 최고 관심사는 아니지만, 배당이 옵션 가격에 미치는 영향을 이해하는 것은 중요하다. 여기에서는 배당에 대한 설명과 함께 선도거래에 대해 설명하겠다.

3.1 선도거래

선도거래는 현금을 지급하지 않고, 미래의 특정시점에 주식을 사거나 팔겠다는 계약을 말한다. 옵션과 달리, 선도거래의 매수자는 만기에 선택권은 없고 의무만 있다. 예를 들어, Royal Dutch/Shell의 6개월 만기 선도 매수자는 선도 계약에 의해 Royal Dutch/Shell 주식을 미리 정해놓은 가격에 사겠다는 약속을 한 것이다. 여기에서 미리 정해놓은 가격이 무엇인지에 대한 의문이 생길 것이다. 블랙과 숄즈가 옵션 가격을 계산할 때와 비슷하게, 가격은 선도 거래를 헤지하기 위해서 얼마의 비용이 필요한가에 의해 결정된다. 이를 보여주기 위해 다음과 같은 예제를 생각해 보자. 투자은행에서 2년 만기의 Royal Dutch/Shell에 대한 선도 계약을 팔았다고 하자. 이때, 주식은 $40에 거래되고 있으며, 이자율은 연 5%이고 1년 뒤 Royal Dutch/Shell은 $1만큼의 배당을 지불할 것이다. 투자은행은 선도 계약을 팔았기 때문에 2년 뒤에 Royal Dutch/Shell 주식을 팔겠다고 약속한 것과 같다. 이 투자은행은 헤지를 위해 선도 거래 매도 시점에 Royal Dutch/Shell 주식을 매수할 것이다. Royal Dutch/Shell 주식을 사기 위해 $40을 지불해야 하고 앞으로 2년 동안 이 금액에 해당하는 이자를 지불해야 한다. 그러나, 이 은행은 Royal Dutch/Shell 주식을 가지고 있기 때문에 1년 뒤에 $1만큼의 배당을 받게 된다. 이 배당금을 은행에 예금하면 1년 동안 이자를 받게 된다. 그러므로 선도거래의 가격이 아래와 같음을 의미한다.[1]

$$F = 40 \times (1 + 2 \times 0.05) - 1 \times (1 + 1 \times 0.05) = 42.95 \quad (3.1)$$

보다 일반적인 수식은 다음과 같다.

$$F = \text{기초자산의 가격} + \text{보유 비용} \quad (3.2)$$

위의 예제에서 보유 비용(cost of carry)은 은행이 주식 매수를 위해 지불한 금액에 대한 이자와 주식을 보유함으로써 받게 되는 배당의 차액이다.

[1] 원서의 식 (3.1)을 수정하였다. (역자주)

3.2 배당이 있는 주식에 대한 옵션의 평가

배당 결정일과 배당 금액을 알고 있다면, 이를 이용하여 블랙-숄즈 공식에 적용하면 배당이 있는 주식에 대한 옵션의 가격을 구할 수 있다. 이 경우에는 주가만 수정하면 된다. 그 이유는 주가에 배당 금액만큼 배당락이 생기기 때문이다. 그러므로 옵션의 적정한 가격을 계산하기 위해서는 옵션의 만기까지 발생하는 모든 배당의 현재가치를 현 주가에서 빼준 후에 그 값을 블랙-숄즈 공식에 대입하면 된다(수식 2.1과 2.2 참조). 예를 들어, 1년 만기인 Daimler Chrysler(DCX)의 콜옵션의 행사가가 \$40라고 하자. DCX 주식이 현재 \$40에 거래되고 있으며, 이자율은 5%, 주가의 변동성은 연 20%이고 내년에는 2번의 배당 지급(2개월 뒤에 \$1, 8개월뒤에 \$0.5)이 있다. 이제 배당의 현재가치를 계산한 다음, 그 양을 현재 주가에서 빼면 된다. 현재가치를 계산하는 과정은 3.3장에서 다루고 있다.

$$\begin{aligned}\text{배당의 현재가치} &= e^{\left\{-\frac{2}{12}\times 0.05\right\}} \times 1 + e^{\left\{-\frac{8}{12}\times 0.05\right\}} \times 0.5 \\ &= 1.4753 \qquad (3.3)\end{aligned}$$

블랙-숄즈 공식(수식 2.1)에 주식의 가격 $S_t = 40 - 1.4753 = 38.5247$을 대입하고 $K = 40$, $r = 0.05$, $\sigma = 0.2$, $T - t = 1$을 이용하면 옵션 가격을 얻을 수 있다.

$$d_1 = \frac{\ln\left(\frac{38.527}{40}\right) + \left(0.05 + \frac{1}{2}\times 0.2^2\right)\times 1}{0.2\times\sqrt{1}} = 0.1621 \qquad (3.4)$$

$$d_2 = d_1 - 0.2\times\sqrt{1} = -0.0379 \qquad (3.5)$$

그러므로, 콜옵션의 가격은 다음과 같다.

$$\begin{aligned} c_t &= 38.5247 \times N(0.1621) - 40 \times e^{-0.05} N(-0.0379) \\ &= 3.2934 \end{aligned} \tag{3.6}$$

3.3 선도거래를 이용한 옵션 평가

옵션의 가격을 현재 주가, 이자율, 예상 배당금으로 표현하는 것 보다, 이 세가지를 모두 포함하고 있는 선도거래에 의해 나타내는 것이 보다 더 직관적이다. 블랙-숄즈 공식을 선도거래에 대한 표현으로 바꾸는 가장 쉬운 방법은 이산배당이 아닌, 실제와는 좀 다른 연속배당을 가정하는 것이다. 연속 배당 방식에서 배당률은 배당의 현재가치가 $S_t\left[1 - e^{-d(T-t)}\right]$와 같다고 가정한다. 그러므로 배당률이 d, 이자율이 r이라고 가정하면 t시점의 선도거래는 다음과 같다.

$$\begin{aligned} F_t &= \left\{S_t - S_t\left(1 - e^{-d(T-t)}\right)\right\} e^{r(T-t)} \\ &= S_t \times e^{\{r(T-t)\}} \times e^{\{-d(T-t)\}} \\ &= S_t \times e^{\{(r-d)(T-t)\}} \end{aligned} \tag{3.7}$$

위의 수식에서처럼, 배당은 선도거래의 가격을 낮추고, 이자율은 선도가격을 높인다. 3.2장에서 확인한 것처럼 옵션의 가격은 블랙-숄즈 공식에서 주식의 가격에 $S_t \times e^{\{-d(T-t)\}}$를 대입하면 된다. 이런 방식으로 블랙-숄즈 공식을 수정하면 옵션의 가격을 선도거래에 의해 나타낼 수 있다. 이때, 콜옵션의 가격은 다음과 같다.

$$
\begin{aligned}
c_t &= S_t e^{-d(T-t)} N(d_1) - K e^{-r(T-t)} N(d_2) \\
&= e^{-r(T-t)} F_t N(d_1) - K e^{-r(T-t)} N(d_2)
\end{aligned}
\tag{3.8}
$$

이와 같은 방법으로 풋옵션의 가격은 다음과 같이 나타낼 수 있다.

$$
p_t = K e^{-r(T-t)} N(-d_2) - e^{-r(T-t)} F_t N(-d_1) \tag{3.9}
$$

$$
\begin{aligned}
d_1 &= \frac{\ln(S_t e^{-d(T-t)}/K) + \left(r + \frac{\sigma^2}{2}\right)(T-t)}{\sigma\sqrt{T-t}} \\
&= \frac{\ln(e^{-r(T-t)} F_t/K) + \left(\frac{\sigma^2}{2}\right)(T-t)}{\sigma\sqrt{T-t}}
\end{aligned}
\tag{3.10}
$$

$$
d_2 = d_1 - \sigma\sqrt{T-t} \tag{3.11}
$$

3.4 옵션에 대한 배당 위험

옵션 트레이더들이 직면하는 문제점 중에 하나는 배당 지급은 미래의 사건이기 때문에 미리 정확하게 알 수 없다는 것이다. 그러므로, 옵션 가격을 계산하기 위해서는 회사가 지불하려고 하는 배당에 대한 예측이 필요하다. 가까운 미래의 배당을 예측하는 일은 상대적으로 쉽지만, 보다 먼 미래의 배당을 예측하는 것은 보다 어렵다. 왜냐하면, 배당은 회사의 수익성과 깊은 연관성을 가지고 있기 때문이다. 이런 관점에서 봤을 때, 옵션의 가격을 선도거래로 나타내는 것이 보다 유용할 수 있다. 만약 실제 배당 지급액이 트레이더의 예상보다 크다면 선도거래의 가치는 더 낮아지기 때문에 콜옵션이 내가격으로 끝날 가능성이 적어져 콜옵션의 가격이 낮아진다. 마찬가지로, 풋옵션은 만기에 내가격이 될 가능성이 커지기 때문에 그만큼 가격이 올라간다. 때문에 콜옵션을 매수한 트레이더는 배당이 기대한 것보다 클 때, 풋옵션을 매수한 트레이더는 배당이 기대보다 작을 때 위험을 떠 안게 된다. 이는 콜옵션이나 풋옵션을 매도하는 경우는 반대로 적용된다. 배당으로 인한 위험을 산정하고자 한다면 옵션 가격을 선도거래의 관점으로 생각하는 것이 가장 좋은 방법이다. 배당이 커지면 선도계약의 가격은 낮아질 것이고 이는 콜옵션이 만기에 내가격이 될 가능성을 줄여 콜옵션의 가격을 낮춘다. 배당이 줄어들면 선도계약의 가격이 비싸지고 때문에 콜옵션의 가격은 올라가고, 풋옵션의 가격은 내려간다. 결론적으로, 배당과 이자율 변화가 옵션 가격에 어떤 영향을 미치는지는 선도계약에 어떤 영향을 미치는 지를 생각하면 된다. 선도 계약의 가격이 낮아지면 풋옵션은 비싸지고 콜옵션의 가격은 낮아진다. 만약 선도 계약의 가격이 높아지면, 콜옵션의 가격은 비싸지고 풋옵션의 가격은 낮아진다.

3.5 합성 선도 거래

선도 거래의 가격을 행사가로 하는 콜옵션을 사고 풋옵션을 팔아 합성 선도 거래를 만들 수 있다. 그림 3.1에 나와 있는 수익구조 그래프를 보면 쉽게 이를 확인할 수 있다. 합성 포지션이 일

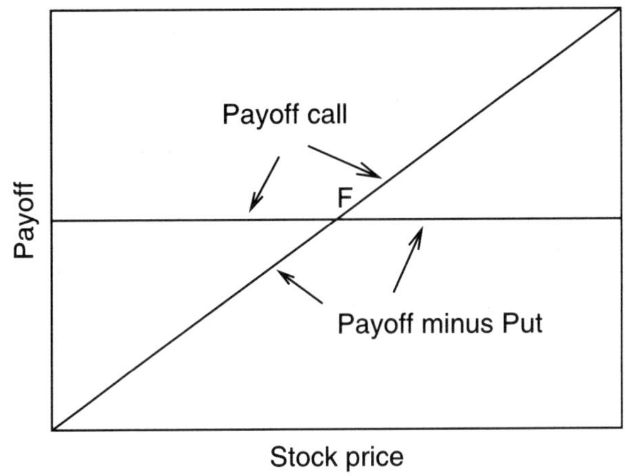

그림 3.1: 합성 선도 거래의 수익구조

반적인 주식과 동일하게 움직이는 것을 그림으로 확인할 수 있다. 선도 계약에는 비용이 들지 않기 때문에 선도 가격을 행사가로 하는 콜옵션과 풋옵션의 가격 차이는 0이 되어야 한다. 1.6장에서 다루었던 풋-콜 패리티를 되새겨 보면 그 이유를 더욱 명확하게 이해할 수 있다. 배당이 없는 주식의 풋-콜 패리티는 다음과 같다.

$$c_t - p_t = S_t - Ke^{-r(T-t)} \tag{3.12}$$

무배당 주식의 선도 계약은 $F = S_t e^{r(T-t)}$이며 이는 콜옵션과 풋옵션의 행사가가 선도 가격과 같을 경우 그 합성 포지션의 가치는 0이어야 함을 보여준다. 같은 방식으로 배당이 있는 주식의 옵션들에 대해서도 증명이 가능하다. 그러나 이때에는 다음과 같은 풋-콜 패리티 식을 사용하여야 한다.

$$c_t - p_t = S_t - Ke^{-(r-d)(T-t)} \tag{3.13}$$

여기서 d는 배당률이다.

실제에서는, 선도 가격이 아닌 특정 행사가격에 대한 합성 선도 거래를 접하게 될 것이다.

4 장

내재 변동성

내재 변동성이라는 개념은 상대적으로 쉬운 것임에도 불구하고, 혼동하기 쉽기 때문에 복잡한 개념으로 여겨지고 있다. 내재 변동성은 단순히 이론적인 개념이 아니고, 실제 시장의 수요와 공급에 의해서도 영향을 받는다. 내재 변동성에 대해 보다 자세한 설명으로 들어가기 전에 변동성에 대해 설명하도록 하겠다.

이전에 설명했던 것처럼 변동성은 주가의 흐름의 정도를 측정하는 것이다. 보다 정확히 이야기 하면, 주가의 로그 수익률의 표준 편차가 변동성이다. 이것은 공식적인 정의에 불과하다. 보다 중요한 것은 블랙-숄즈 공식에 어떤 기간의 변동성을 쓰는 것이 적절한지를 이해하는 것이다. 그 답은 간단하다. 옵션의 잔존 기간 동안의 해당 주식의 변동성을 사용하여야 한다. 이것은 간단하지만 알아둘 필요가 있다. 왜냐하면 투자자가 옵션을 사고자 할 때에는 그 옵션의 잔존 기간 동안의 변동성이 어느 정도가 될지는 알 수 없기 때문이다. 다시 말해, 투자자는 옵션의 공정 가격을 정확하게 얻어 낼 수 없다. 그러나 투자자는 지금까지의 변동성이 어떠했는지를 나타내는 역사적 변동성을 통해, 해당 변동성이 어느 정도인지를 예측할 수 있다. 변동성을 정확히 추정하는 정교한 방법들이 많이 존재하나, 옵션 잔존기간 동안의 변동성을 확신을 가지고 정확하게 예측할 수는 없다. 사실 배당 없는 주식의 옵션 가격을 계산하기 위해 블랙-숄즈에 사용되는 모든 변수들 중에서 변동성에 대해서 만은 여러 가지로 해석이 가능하다. 주식의 가격, 행사가격, 잔존기간은 명백하지만 이자율은 다소 모호하다. 변동성과 비슷하게, 옵션의 잔존 기간 동안의 이자율 역시 알 수 없다고 생각할 수 있다. 하지만, 이자율을 정확하게 예측할 수 있기 때문에, 이자율은 알고 있는 변수로 간주할 수 있다. 이런 개념들을 바탕으로 하면 내재 변동성의 개념을 보다 쉽게 설명할 수 있다.

옵션의 가격은 수요와 공급에 의해 영향을 받는다. 물론 이것이 다소 혼란스러울 수 있다. 블랙-숄즈 공식으로 옵션 가격을 구할 수 있고 이 가격이 수요와 공급에 상관없이 그 옵션의 유일한 가격이라고 생각할 수도 있다. 그러나, 앞서 지적했던 것처럼, 투자자가 옵션에 투자할 지를 결정해야 하는 시점에는, 해당 옵션의 잔존 기간 동안의 변동성을 알 수 없다. 서로 다른 시장 참여자들은 변동성에 대한 서로 다른 관점을 가지고 있으며, 때문에 각자가 생각하는 옵션의 공정 가격이 다를 수밖에 없다. 그러면 이제 흥미로운 상황이 벌어진다. 블랙-숄즈 공식을 사용하여 주식의 가격, 행사 가격, 잔존만기, 이자율, 변동성을 사용해 무배당 주식의 옵션 가격을 계산할 수 있고, 또 해당 옵션의 가격을 수요와 공급에 의해 결정할 수도 있다. 투자자가 특정 옵션을 매수할지를 결정하기 위해서는 변동성을 예측하여 그 변동성을 블랙-숄즈 공식에 대입함으로써 투자자가 생각하는 옵션의 적정가를 계산해 낼 수 있다. 아니면, 시장에서 주어진 가격들을 통해 변동성을 구하고 그 변동성과 그가 생각하는 적정 변동성을 비교하는 방법이 있다. 이것은 변동성만이 미지수인 블랙-숄즈 공식의 값이 옵션의 시장가와 같다고 하고 계산하는 방식이다. 미지수가 하나인 방정식은 풀 수 있고 이 방식을 통해 얻어진 변동성을 내재 변동성이라고 부른다. 변동성을 계산하기 위해 실제 시장 가격이 사용되었기 때문에 이것은 적절한 표현이다. 계산된 변동성은 시장가격을 통해 얻어졌고 때문에 이 값은 시장이 생각하는 옵션 잔존 기간 동안 해당 기초자산의 변동성을 말해준다고 볼 수 있다. 결론적으로, 내재변동성은 블랙-숄즈 공식에 대입했을 때 그 결과가 옵션의 시장 가격과 같은 값이 나오도록 하는 변동성과 같다. 내재 변동성에 대한 개념은 다음 예제에 잘 설명되어 있다. (Hull(1993) p.229의 예제를 참조했다.)

4.1 사례

$S_t = 33$, $K = 30$, $r = 0.05$, $T - t = 0.25$ ($T - t$는 연단위로 표시되었기 때문에 0.25는 잔존기간이 3개월임을 의미한다.)이라고 할 때, 무배당 주식의 유럽형 콜옵션 가격이 \$3.78이라고 가정하자. 이때, 내재 변동성은 수식 (2.1)에 $S_t = 33$, $K = 30$, $r = 0.05$, $T - t = 0.25$, $c_t = 3.67$ 을 각각 대입하여 나오는 σ의

값이다. 미지수가 하나인 방정식이지만, σ 를 S_t, K, r, $T-t$, c_t만으로 정리된 수식으로 표현할 수 없다. 내재 변동성을 찾기 위해서는 반복적인 계산 과정이 필요하다. 우선, $\sigma = 0.15$를 대입하면 c_t의 값이 3.4518이 된다. 이 값은 해당 주어진 c_t보다 작고 c_t가 σ에 대해 증가함수이기 때문에 σ에 더 큰 값을 대입해야 한다. 그 다음으로 $\sigma = 0.25$ 를 대입하면 $c_t = 3.4925$가 되고 이 값은 주어진 c_t보다 크기 때문에 결론적으로 σ의 값이 0.15와 0.25 사이의 값임을 알 수 있다. 다음으로 $\sigma = 0.2$ 값을 대입하면, 또 다시 이 값이 너무 작기 때문에 σ는 0.2와 0.25의 값이어야 한다. 반복적으로 이러한 과정을 거칠 때마다 σ의 범위는 반으로 줄어들게 되고 σ의 값을 주어진 정확도에 맞추어 계산해 낼 수 있다. 이 예제에서 내재변동성은 0.22 (연 22%)이다. $T-t$가 연 단위로 주어졌기 때문에 내재 변동성 또한 연 단위라는 것을 기억하길 바란다.

4.2 투자 전략과 내재 변동성

앞의 예제에서 옵션 트레이더가 해당 내재 변동성을 가지고 옵션 매수 여부를 결정한다고 하자. 예제에서 보여줬듯이 내재 변동성의 값은 연 22%이다. 그가 옵션 잔존 기간동안 기초 자산의 하루 변동성이 1.5%라고 예상하고 있다. 이제 수식 (2.5)를 사용하여 옵션을 살지 말지를 결정할 수 있다. 1년에 256일의 거래일이 있다고 하면, 그가 생각하는 연 변동성은 $1.5 \times \sqrt{256} = 24\%$가 된다. 앞에 설명했던 것처럼 변동성이 높을 수록 옵션 가격이 높아 진다. 이 옵션 트레이더는 변동성이 연 24%라고 생각했고 시장에서는 변동성을 연 22%라고 생각하고 있다. 이는 옵션 트레이더가 옵션을 사기 위해 지불하는 금액보다 옵션의 가치가 더 크다고 판단하고 있음을 의미한다. 때문에 옵션 트레이더는 옵션을 사야 한다. 그러나 만약, 그가 일 변동성이 1%라고 생각했다면 그는 그 옵션을 사지 않을 것이다. 왜냐하면 일일 변동성이 1%라는 것은 연 변동성이 $1 \times \sqrt{256} = 16\%$임을 의미하고 이는 옵션의 가치가 시장에서 지불해야 하는 옵션의 가격보다 낮음을 의미하기 때문이다. 일반적으로, 투자자가 옵션의 내재변동성이 너무 높다고 판단할 때에는 옵션을 사지 말아야 한다고, 반대로 내재 변동성이 아주 낮으면 그 옵션을 사야 한다고 생각한다. 이러한 분석에서 중요한 것은 변동성을 비교할 때에는 동일한 기간의 변동성들을 비교를 해야 한다는 점이다. 즉, 일일 변동성은 일일 변동성과 비교해야 하고, 연 단위 변동성 역시 동일 기간의 변동성과 비교해야 한다.

5 장

델타(Delta)

델타는, 다른 모든 변수들은 변하지 않는 상황에서, 주가에 대한 옵션가격의 민감도이다. 수학적으로 델타는 옵션가격을 주가에 대하여 미분한 값이다. 따라서 옵션의 델타가 0.5라고 하면 주가가 \$1 상승할 때 옵션가격은 \$0.5 상승한다는 의미이고, 또한 주가가 일정 부분 하락할 때에도 옵션가격은 그것의 50%만큼 하락한다는 의미이다.[1] 델타가 음수라면, 그 반대가 성립한다. 옵션의 델타가 −0.5라고 가정하자. 이 경우 주가가 \$1 상승할 시, 옵션가격은 \$0.5 하락할 것이고, 주가가 \$1 하락할 시, 옵션가격은 \$0.5 상승할 것이다. 주가가 상승함에 따라 풋옵션의 가격은 하락하게 되므로, 풋옵션의 델타는 음수이다. 콜옵션의 경우에

[1] 이것은 정확히 맞는 것은 아니다. 왜냐하면 주가가 변하면 δ도 변하기 때문이다. 따라서, 실제로 올바른 설명은 주가가 아주 조금 변했을 때, 옵션 가격이 그것의 50%만큼 변한다고 말하는 것이 맞을 것이다. 하지만 위의 예는 설명의 용이성을 위해 주식의 변화를 \$1로 표현했다.

는, 주가가 상승함에 따라 콜옵션의 가격이 상승하므로 델타는 양수이다. 콜옵션의 델타는 0에서 1사이에 존재하고, 풋옵션의 델타는 −1에서 0사이에 존재한다. 콜옵션의 델타가 0보다 커야만 한다는 것은 이미 설명했다. 그러면 콜옵션의 델타가 1보다 작아야 하는 이유는 무엇일까? 이 물음에 답하려면, 콜옵션의 가격이 무엇으로 구성되어 있는지를 알아야 한다. 옵션의 가격은 내재부분[2] 과 옵션부분[3]으로 이루어져 있다. 배당을 지급하지 않는 주식에 대한[4] 콜옵션의 가격은 항상 내재가치 이상이다. 즉, 미국형 콜옵션의 경우에는 옵션을 즉시 행사함으로써 옵션의 내재가치와 같은 손익을 얻을 수 있고, 유럽형 콜옵션의 경우에는 콜옵션을 매수하고 기초자산 주식을 매도하는 전략을[5] 취함으로써 내재가치보다 큰 할인 손익을 고정시킬 수 있다. 그리고, 옵션의 수익은 0이상이고 무제한이기 때문에 (투자자는 아무것도 하지 않을 수 있다.), 옵션의 가격에는 또한 옵션부분(시간가치)이 존재한다. 이는 투자자의 할인 예상 손익이 항상 내재가치보다 높다는 것을 의미한다. 논리적으로, 옵션부분(시간가치)은 옵션의 할인 예상 손익에서 내재가치를 뺀 것으로 정의된다. 결론적으로, 콜옵션을 보유한 투자자는 그 옵션을 즉시 행사함으로써 내재가치와 같은 손익을 보장받을 수 있고, 만약 그

[2]옵션의 내재가치는 그 옵션이 즉시 행사된다고 가정할 시의 수익(payoff)을 말한다. 1.3장 참조

[3]시간가치라고도 한다. (역자주)

[4]배당을 지급하는 주식에 대한 유럽형 콜옵션의 가치는 내재가치보다 작을 수 있다. 이는 5.3장에서 설명할 것이다.

[5]이에 대한 설명은 Hull(1993) p.158을 참조

가 옵션을 즉시 행사하지 않는다면 그의 할인 예상 손익은 내재가치보다는 높을 것이다. 이제 콜옵션의 델타가 1보다는 작아야만 하는 이유를 쉽게 알 수 있다. 이것을 알아보기 위해서는 내가격 옵션과 외가격 옵션을 각각 구분해서 보는 것이 편할 것이다. 내가격 콜옵션의 델타가 1보다 크다고 가정해보자. 이는 주가가 $1 상승할 때, 옵션가격이 $1 이상 상승할 것이라는 것을 의미한다. 주가의 $1 상승은 이 콜옵션의 내재가치의 $1 상승을 의미하기 때문에, 이는 가격의 옵션부분도 역시 상승한다는 것을 의미한다. 그러나 이것은 모순이다. 왜냐하면, 주가가 $1 상승한다면 이는 주가가 행사가격 밑으로 떨어질 가능성이 적어지는 것이고, 이러한 이유에서 하락 시의 위험 제한[6]은 가치가 줄어들며 그에 따라 옵션부분 또한 가치가 줄어들게 될 것이기 때문이다. 만약 주가가 $1 떨어지는 경우에도 같은 결론이 도출된다. 즉, 만약 내가격 콜옵션의 델타가 1보다 크다고 가정하면 주가의 $1 하락이 내재가치보다 더 큰 옵션가격의 하락을 불러오게 될 것이고 이는 옵션가격 중 옵션부분이 줄어드는 것을 의미한다. 그러나 위에 경우에서 또한 모순이다. 왜냐하면, 하락 시의 위험 제한이 더욱 가치 있어지기 때문이다. 이는 내가격 콜옵션의 델타가 1보다 클 수는 없다는 것을 보여주며, 즉 1보다 작아야만 한다. 같은 방법으로, 내가격 풋옵션[7]의 델타도 -1과 0

[6] 1.3장 참조

[7] 유럽형 풋옵션의 경우 옵션가격이 내재가치 이상이 아닐 수 있기 때문에 조금은 다를 수 있다라고 생각할 수 있다. 그러나 이 경우에 옵션 부분이 음이고 내재 부분이 주가의 변동보다 크게 변동할 수 없다라는 것을 참고하면 같은 결론이 성립한다.

사이에 있어야 한다는 것을 설명할 수 있다. 외가격 콜옵션과 풋옵션의 경우에 이것은 더욱 확실하다. 외가격 콜, 풋옵션의 경우에 옵션의 내재가치가 0이고, 옵션의 가격은 옵션부분(시간가치)으로만 이루어져 있기 때문이다. 옵션부분(시간가치)이라는 것이 할인 예상 수익에서 내재가치를 뺀 것으로 정의된다는 것을 떠올려보자면, 이는 옵션의 가격이 할인 예상 수익과 같다라는 것을 의미할 것이다. 외가격 옵션의 할인 예상 수익의 변화가 주가의 변화보다 작을 것이기 때문에 (그렇지 않다면, 손익에서 이러한 변화가 실현된 확률이 1일 것이고 이는 명백히 사실이 아니다.), 외가격 콜옵션의 델타가 0에서 1사이에 있고, 외가격 풋옵션의 델타가 -1에서 0사이에 있다는 것을 쉽게 알 수 있다. 이러한 현상들은 수식 (2.1)과 (2.2)를 주가 S_t에 대해서 미분하면 명확해진다. 다음 두 공식은 각각 배당을 지급하지 않는 주식의 유럽형 콜옵션과 풋옵션의 델타이다.

$$\delta_{\text{call,European}} = \frac{\partial c_t}{\partial S_t} = N(d_1) > 0 \tag{5.1}$$

$$\delta_{\text{put,European}} = \frac{\partial p_t}{\partial S_t} = -N(-d_1) < 0 \tag{5.2}$$

수식 (5.1)과 (5.2)는 유럽형 콜옵션의 δ가 양이고 유럽형 풋옵션의 δ가 음인 것을 이야기하는 것뿐만 아니라, 유럽형 콜 옵션의 δ가 0과 1사이에 있고 유럽형 풋옵션의 δ가 -1과 0 사이에 있다는 것 또한 보여주고 있다. 마지막에 언급한 사실은 $N(d_1)$과 $N(-d_1)$이 0과 1사이에 있다는 사실로부터 나온 것이다. 여기서 재미있는 질문은 언제 콜옵션의 δ가 0이고 또 언제 1인 것인가 하는 것이다. 다시 옵션 가격을 내재부분과 옵션부분으로 나

표 5.1: 극단적인 델타 값

옵션의 종류	델타 (δ)
깊은 내가격 콜옵션	1
깊은 외가격 콜옵션	0
깊은 내가격 풋옵션	-1
깊은 외가격 풋옵션	0

누어 보면, 이 질문에 대한 대답은 쉽게 얻을 수 있다. 깊은 내가격, 즉 주가가 콜옵션의 행사가격보다 충분히 높은 콜옵션을 생각해 보자. 이 옵션의 경우, 하락 시의 위험 제한은 실질적으로 아무런 가치를 가지지 못한다. 따라서 이 콜옵션의 가격은 내재가치와 같다. 이것은 주가가 \$1 상승하면 옵션가격도 \$1 상승한다는 것을 의미하며, 그렇지 않다면 옵션 가격은 내재가치보다 작아야 할 것이기 때문이다. 같은 이유로 주가가 \$1 하락하면 옵션가격도 \$1 하락하게 된다. 이것은 깊은 내가격 콜옵션의 δ가 1이라는 것을 보여준다. 이제 깊은 외가격 콜옵션, 즉 주가가 옵션의 행사가격보다 충분히 낮은 경우를 생각해 보자. 이 옵션의 경우 수익이 날 가능성이 0이기 때문이 아무런 가치를 지니지 못한다. 주가가 상승하거나 하락하거나 콜옵션은 여전히 가치를 갖지 않는다. 이것은 깊은 외가격 콜옵션의 δ가 0이라는 것을 보여준다. 비슷한 추론으로부터 깊은 내가격 풋옵션(주가가 옵션의 행사가격보다 충분히 낮음)이 -1의 델타를 가지고, 깊은 외가격 풋옵션(주가가 옵션의 행사가격보다 충분히 높음)

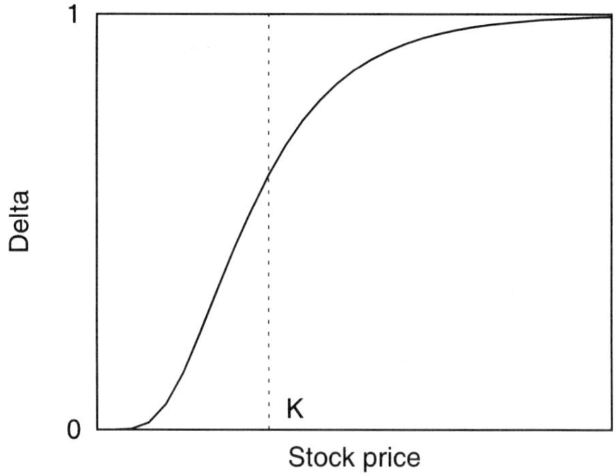

그림 5.1: 주가에 대한 콜옵션 델타의 변화

의 δ가 0이라는 것을 알 수 있을 것이다. 표 5.1은 이러한 관찰 결과를 요약해서 보여주며 그림 5.1과 5.2는 콜옵션과 풋옵션의 주가에 따른 각각의 델타 변화를 각각 보여주고 있다.

5.1 델타 헤지

헤지의 문자 그대로의 의미는 위험을 줄이는 것이다. 따라서, 만약 투자자가 높은 위험에 노출된 포트폴리오를 보유하고 있다면 그는 위험을 줄이기 위해서, 포트폴리오를 헤지하려고 노력할 것이다. 여기서 의문이 생겨난다. - 옵션 보유자가 미래 주가의 변동으로부터 어떻게 자신을 헤지 할 수 있을 것인가? 이 질문은 델타에 대한 지식만 있으면 쉽게 답할 수 있다. 한 투자자가 100개의 콜옵션을 보유하고 있고, 각 옵션의 델타가 0.5라

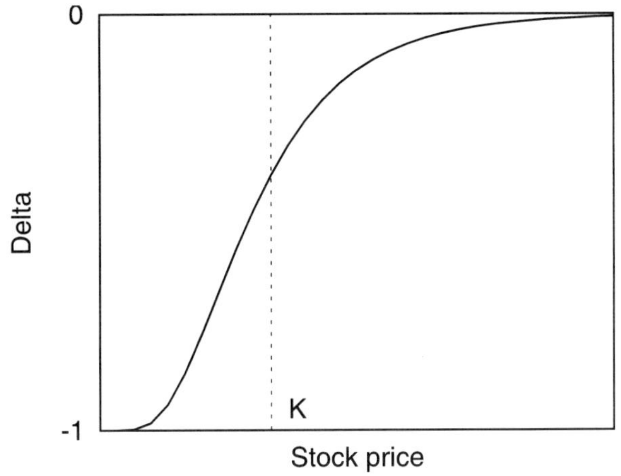

그림 5.2: 주가에 대한 풋옵션 델타의 변화

고 가정해 보자. 이 투자자는 기초자산 주식을 50개 매도함으로써 미래 주가로부터 자신의 포지션을 헤지할 수 있다. 후에 주가가 \$1하락하면 콜옵션의 가격은 \$0.5하락하게 되어 \$50의 손실을 가져오게 되지만 (100개의 옵션 곱하기 −\$0.5), 이와 동시에 투자자는 이미 매도한 50주의 주식으로부터 \$50의 수익을 거두게 된다.[8] 이러한 헤지 방법으로부터 투자자는 더 이상 손실을 입지 않을 뿐만 아니라, 더 이상의 수익도 거둘 수 없게 된다. 왜냐하면, 만약 주가가 \$1상승하면 그는 콜옵션으로부터 \$50의 수익을 거둘 것이지만(100개의 옵션 곱하기 \$0.5), 매도한 기초자산 주식에서 \$50의 손실이 나기 때문이다. 풋옵션에서도 같은

[8]매도한 주식을 되사기 위해 필요한 금액이 주 당 \$1씩 감소하였다.

상황이 성립한다. 그러나, 이 경우에는 투자자가 옵션에 $|\delta|$를[9] 곱한 만큼의 기초자산 주식을 매수해야 한다. 콜옵션 매수 시에 포지션 헤지를 위해 주식을 매도해야 하고, 풋옵션 매수 시에 주식을 매수해야 한다는 것은 논리적으로 당연하다. 콜옵션이 주식을 매수할 권리를 주기 때문에, 콜옵션이 내가격으로 종료될 시에 옵션 매수자가 주식을 매도해 놓았을 경우에는 만기의 손익이 없다. 옵션이 외가격으로 종료될 시에 옵션 매수자가 주식에 대한 포지션이 전혀 없는 경우 또한 만기 시에 손익이 없게 된다. 만기가 매우 가까운 콜옵션의 경우 내가격으로 콜옵션이 종료될 확률이 대략 δ와 같기 때문에,[10] 이 특정한 콜옵션 매수의 경우는 δ 주식만큼을 매도하는 것으로 헤지를 한다. 비록 만기가 긴 콜옵션의 경우에 내가격으로 종료할 가능성은 δ와 같지 않지만,[11] 이러한 콜옵션 매수도 여전히 기초자산 주식을 δ만큼 매도하는 것으로 헤지한다. 이 현상은 7.5장에서 설명할 것이다. 풋옵션은 기초자산 주식을 팔 권리를 주기 때문에 풋옵션이 내가격으로 종료될 시에 옵션 보유자가 주식을 보유하고 있는 경우에 만기시에 손익이 없다. 또한, 풋옵션이 외가격으로 종료될 시에 옵션 보유자가 주식을 보유하고 있지 않는 경우에 만기 시

---

[9] 이것은 델타의 절대값이다. $\delta = -0.5$ 이면 $|\delta| = 0.5$ 이다. 풋옵션의 델타가 음수이므로 절대값을 사용한다는 것을 참고하기 바란다.

[10] 콜옵션이 내가격으로 종료될 확률은 $N(d_2)$이고 (부록 A참조), $\delta = N(d_1)$이다. 잔존만기 τ가 매우 작은 경우에는, $d_1 \doteqdot d_2 \doteqdot \log(S/K)/(\sigma\sqrt{\tau})$로 같다.

[11] 콜옵션이 내가격으로 종료될 확률은 $N(d_2)$와 같다 (부록 A 참조). 이것은 만기가 가까운 콜옵션의 경우에 왜 이 확률이 δ와 같은 지를 설명해준다.

에 손익이 없다. 만기가 매우 가까운 풋옵션의 경우 풋옵션이 내가격으로 종료될 확률이 $|\delta|$와 거의 같기 때문에, 이 특정한 풋옵션 매수는 $|\delta|$ 개수의 주식을 매수하면 헤지할 수 있다. 콜옵션과 마찬가지로, 더 만기가 긴 풋옵션의 경우 풋옵션이 내가격으로 종료될 확률은 $|\delta|$와 같지 않지만,[12] 이러한 풋옵션의 경우에도 여전히 $|\delta|$ 개수의 기초자산 주식을 매수함으로써 헤지할 수 있다. 콜옵션과 풋옵션을 헤지하는 것의 차이점을 δ의 부호를 통해서도 알 수 있다. 콜옵션 δ의 부호는 양이고 풋옵션의 경우는 음이다. 따라서 콜옵션 매수뿐만 아니라 풋옵션 매수를 헤지하기 위해서는 δ개의 기초자산 주식을 매도해야만 한다. 그러나 풋옵션의 δ가 음수이므로, 이 헤지 전략이 실질적으로 의미하는 것은 기초자산 주식을 사야 한다는 것이다. 블랙과 숄즈는 어떠한 순간이라도 옵션 매수가 δ개의 기초자산 주식을 매도하는 것으로 헤지 된다면 이 포트폴리오는 무위험이라는 것, 즉 포트폴리오의 수익률이 이자율과 같다라는 것을 보여주었다. 수학적으로 아래의 포트폴리오는 위험이 없다. (포트폴리오의 수익률이 이자율과 같다.)

$+1$: 옵션
$-\delta$: 기초자산 주식

이것은 만약 이 포트폴리오를 구성하기 위해 돈을 차입했다면 포트폴리오의 수익은 이자율이고 차입한 돈은 손실이나 수익을

[12] 풋옵션이 내가격으로 종료될 확률은 $N(-d_2)$와 같다 (부록 A 참조). 이것은 만기가 가까운 풋옵션의 경우에 왜 이 확률이 절대값 δ와 같은 지를 설명해준다.

갖지 않고 이자와 함께 상환할 수 있다는 의미이다. 만약 이 포트폴리오의 구성할 때 현금이 유입된다면, 이 포트폴리오의 수익은 마이너스 이자율만큼이고 이는 포트폴리오 구성할 때 받은 현금의 이자수익률과 상쇄된다. 블랙과 숄즈의 분석에서 중요한 것은 다음의 부분이다. 기간 중 어느 때나, 주가의 작은(small amount) 변동이나 시간의 흐름이 δ를 이미 변화시킨다. 이것은 실제로 진정으로 위험이 없는 포트폴리오를 구성하기 위해서는, 매도 주식의 숫자를 계속적으로 조정해야만 한다는 의미이다. 포트폴리오의 주식의 수를 조정함에 있어서, 거래비용을 시급하지 않는다는 가정외에도 포트폴리오를 연속적으로 조정하는 것은 물리적으로 불가능하다. 실제에서 포트폴리오의 주식의 숫자는 시간의 불연속점에서 δ의 가치에 의해서 조정될 뿐이다. 이러한 헤지 방법을 동적 헤지라 부르며, 매도 주식의 숫자가 항상 δ에 따라 조정되기 때문에 이것을 포트폴리오를 델타 중립으로 만든다라고 말한다. 실제에서 동적 헤지를 하는 것만이 유용하다는 것은 이해하기 힘들겠지만, 어떻게 옵션 트레이더들이 수익을 거두는지는 보다 명백해 질 것이다.

5.2 배당에 민감한 옵션

기업이 배당 지급을 변경할 가능성은 언제나 존재하기 때문에, 어떠한 옵션들이 배당에 민감한지를 미리 알고 있는 것이 좋다. 3.2장에서 배당 지급 주식에 대한 옵션의 가격은 블랙-숄즈 공식의 주가 S_t에 현재 주가에서 배당의 현가를 뺀 것을 사용함으로써 쉽게 계산 할 수 있다는 것을 보았다. 델타는 기초자산 가격 S_t의 변화에 대한 옵션가격의 민감도를 측정한다. 이것으로부터 절대값으로 큰 델타를 가지는 옵션은 배당 변화에 매우 민감할 것이라는 것을 명확히 알 수 있다. 이것은 합성 선도 거래(synthetics)뿐만 아니라 깊은 내가격 옵션들이 배당에 매우 민감하다는 것을 의미한다.

5.3 배당 지급 주식에 대한 미국형 콜옵션

1.4장에서 배당을 지급하지 않는 주식의 콜옵션을 미리 행사하는 것이 최적이 아니며, 그 결과 배당을 지급하지 않는 주식의 경우에 미국형과 유럽형 콜옵션들의 가격은 같다는 것을 살펴보았다. 그러나, 배당을 지급하는 주식의 미국형 콜옵션의 경우 먼저 행사하는 것이 최적이 될 수 있다. 이러한 이유로부터, 배당이 있는 주식에 대한 미국형 콜옵션의 가격은 같은 조건의 유럽형 콜옵션의 가격과 다를 수 있다. 이를 살펴보기 위해 프랑스 제약회사인 Sanofi-Aventis에 대한 행사가격 \$50, 만기 3개월인 미국형 콜옵션을 가정해 보자. Sanofi는 현재 \$80에 거래되고 있고, 지급할 배당 \$1.5에 대해서 내일 배당락[13] 될 예정이다. 이 옵션은 명백히 깊은 내가격이기 때문에 이 옵션의 시간가치[14]

[13]배당락의 의미는 이 주식을 매수한 어느 누구도 더 이상 배당을 지급받을 권리를 가지지 못한다는 것이다. 그 결과 주식은 이론적으로 정확히 배당지급액만큼 가치가 떨어진다. 주식 결제가 2일이 걸리는 경우, 배당지급 기록 일의 2일 전에 배당락 될 것이다.

[14]5장 초반에 설명한 것처럼, 옵션의 시간가치는 옵션부분과 같다.

는 매우 작다. 이것은 이 옵션이 매우 큰 델타를 가진다는 것을 의미한다. 이 주식은 내일 배당락이 있기 때문에, 주가가 $1.5 하락할 것을 예상할 수 있고 그 결과 옵션의 내재가치도 $30에서 $28.5로 하락할 것을 예상할 수 있다. 옵션이 내재가치에서의 이러한 하락을 만회할 수 있는 방법은 시간가치에서의 급격한 상승밖에 없다. 하지만 옵션은 깊은 내가격이고, 비록 시간가치가 약간씩 상승하겠지만, 내재가치에서의 손실을 만회하는 것은 결코 충분하지 않을 것이다. 주식이 $78.5로 하락하면서 이 옵션의 시간가치가 $0.02에서 $0.10으로 상승했다고 한다면, 전날 옵션이 $30.03의 가치를 가졌던 것에 반해 배당락일에 옵션은 $28.60의 가치를 가진다. 위로부터 Sanofi에 대한 $50.00짜리 콜옵션을 행사하는 것이 최적이라는 것은 명확하다. 배당락 전일에 위의 옵션과 같은 유럽형 옵션의 가격을 비교해보면, 가격이 배당락일의 미국형 옵션의 가격에 전일의 옵션의 시간가치를 더한 것과 같다고 예상할 수 있고 이는 $28.62이다.

배당이 있는 주식에 대한 미국형 콜 옵션이 행사 될 것인지를 판단할 때에는, 배당락 전일에 한해서만, 옵션이 행사될 가능성이 있다는 것에 주의해야 한다. 왜냐하면 비록 미국형 콜옵션이 명백히 행사 가능하다고 해도, 주식이 상당히 하락하여 옵션에 큰 시간가치를 다시 가져다 줄 수 있는 가능성은 언제나 존재하고, 옵션이 델타 헤지 되어있기 때문에 내재가치의 하락으로부터 매도된 주식에서의 같은 만큼의 돈을 벌 수 있기 때문이다. (델타는 1에 매우 가까이 있어야만 한다. 그렇지 않다면 행사할 수 없다.) 배당을 지급하는 주식에 대한 미국형 콜 옵션을 행사하고자 하는 데에는 세가지 기본적인 옵션의 특징이 있다는 것을 명심해야 한다. 첫 번째 특징은 옵션의 델타가 1에 매우 가까워야 한다는 것이다. 이것은 시간 가치가 거의 없다는 것을 의미한다. 두 번째로, 그 미국형 옵션이 배당락일 전일에 거의 내재가치만큼 가치를 지녀야 한다는 것이다. 이 두 번째 특징은 기본적으로 이 옵션을 행사하는 것이 비용이 크게 들지 않는다는 것을 말해주는 것이기 때문에 가장 신뢰할만한 특징이다. 세 번째로는, 유럽형 콜옵션이 주식의 배당락 전일의 내재가치보다 가치가 덜하고 따라서 미국형 콜옵션보다 가치가 덜해야 한다는 것이다. 그러나 옵션의 기간 동안 몇몇의 배당 지급이 있을 시에 유럽형 콜이 거의 항상 가치가 덜할 것이기 때문에 유럽형과 미국형 콜을 비교하는 것은 어려울 수 있다.

전술한 세가지 특징이 배당 지급 주식에 대한 미국형 콜옵션이 행사가능한지에 대해 좋은 지침을 제공해 주지만, 확실히 하는 유일한 방법은 다음을 테스트해보는 것이다. 주식이 배당락되기 전일의 미국형 콜옵션의 가격이, 현재 주가에서 배당을 뺀 값을 이용하여 평가한 미국형 콜옵션의 가격보다 높으면 이때에만 콜옵션을 행사해야만 한다.[15] 이러한 경우가 아니라면 콜옵션을 행사하면 안 된다.

[15] 명백하게도, 여기에는 하루의 시간 차이가 존재한다. 따라서 미국형 콜옵션은, 배당이 떨어져 나오고 주가가 현재 주가에서 배당을 뺀 가격과 같을 시에만 콜옵션의 시작일을 하루 앞당겨서, 같은 미국형 콜옵션과 비교해야만 한다.

6 장

세가지 그릭(Greek)

여기에서는 세 가지의 다른 그릭인 감마, 쎄타, 베가를 소개할 것이다. 감마는 주가에 대한 델타의 민감도를 측정하며, 쎄타는 시간의 경과에 대한 옵션 가격의 민감도를 측정하며, 베가는 변동성에 대한 옵션 가격의 민감도를 측정한다.

6.1 감마(Gamma)

앞에서, δ에 관한 대부분의 예에서 주가의 \$1 변동은 옵션가격을 δ만큼 변화시킨다고 설명했다. 이러한 설명은 δ의 유용한 해석이긴 하지만 정확히 맞는 것은 아니다. 왜냐하면 δ가 주가의 작은 변동이나 시간의 경과에 따라서 변하기 때문이다. 그리하여, 주가가 \$1 변동할 때, δ는 여러 다른 값을 가진다. 그래서, 주가가 \$1 변동 했을 시의 옵션 가격의 변화를 δ 값만 사용해서 계산하는 것은 옳지 않다. δ를 다루는 올바른 방법은, 주가가 작은

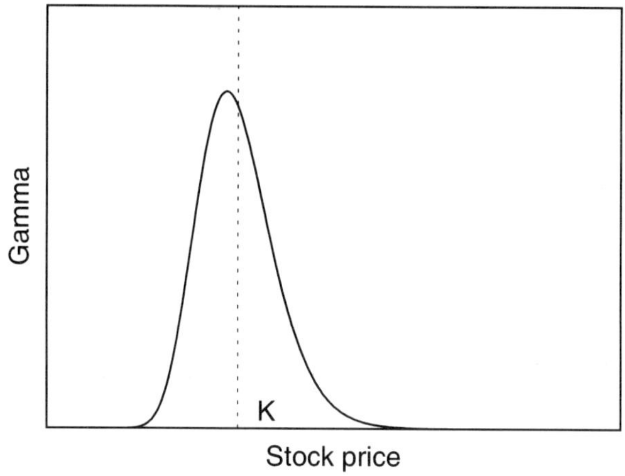

그림 6.1: 주가에 따른 감마의 변화

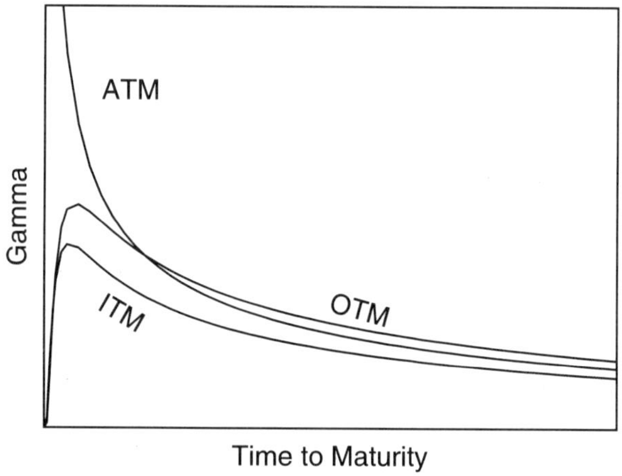

그림 6.2: 잔존만기에 따른 감마의 변화

양[1] 만큼 변동했을 시, 옵션 가격은 이 양의 δ배 만큼 변화한다는 것이다. 주가가 변동하면 δ도 변화하기 때문에, 주가의 움직임에 대한 델타의 민감도를 측정하는 단위가 필요하다. 이 단위를 감마라고 부르며 그리스 문자 γ로 표시한다. 수학적으로 γ는 δ를 주가에 대해 미분한 값이다. 만약 감마가 작으면, 주가의 움직임에 따른 델타의 변화가 작다. 그러나, 감마가 큰 경우 델타는 주가의 변동에 매우 민감할 것이다. 따라서 큰 감마를 가지는 옵션을 보유한 투자자는 그의 포트폴리오를 델타 중립으로 유지시키기 위해서 포트폴리오 내의 주식 수를 빈번하게 조정해주어야만 한다. 콜옵션과 풋옵션 모두 양의 감마 값을 가지며, 뒤에서 설명을 하겠지만 유럽형 콜옵션과 풋옵션의 감마는 같다. 감마가 콜옵션과 풋옵션 모두에서 양의 값을 가진다는 사실은 논리적으로 당연하다. 즉, 콜옵션의 델타는 주가에 대해서 증가하는 함수이고, 주가가 0에서 무한대로 증가할 시에 델타는 0에서 1로 증가한다. 풋옵션의 델타는 주가가 0에서 무한대로 상승할 시에 -1에서 0으로 증가한다. 유럽형 콜 옵션과 풋옵션의 감마 공식이 주어지기 이전에, 감마가 옵션가격의 주가에 대한 이차 미분값이라는 것을 기억하자. 실제로, 델타는 옵션가격을 주가에 대해 일차 미분한 값이고 감마는 델타를 주가에 대해서 미분한 것이기에 이것은 명백한 사실이다. 유럽형 콜옵션 및 풋옵션

[1] 여기서 작다의 의미는 매우 작은 것을 의미한다. \$0.01 조차도 매우 크다.

의 경우, 감마는 다음과 같이 결정된다:

$$\gamma_{\text{call, European}} = \frac{\partial \delta}{\partial S_t} = \frac{\partial^2 c_t}{\partial S_t^2} = \frac{N'(d_1)}{S_t \sigma \sqrt{T-t}} > 0 \tag{6.1}$$

$$\gamma_{\text{put, European}} = \frac{\partial \delta}{\partial S_t} = \frac{\partial^2 c_t}{\partial S_t^2} = \frac{N'(d_1)}{S_t \sigma \sqrt{T-t}} > 0 \tag{6.2}$$

여기에서 d_1은 수식 (2.3)을 통하여 정의된다. 그리고:[2]

$$N'(x) = \frac{1}{\sqrt{2\pi}} e^{-x^2/2} \tag{6.3}$$

위의 공식을 통하여 유럽형 콜 옵션의 감마는 유럽형 풋 옵션의 감마와 일치한다는 것을 다시 한번 볼 수 있다. 그림 6.1과 6.2는 감마가 주가 및 잔존만기에 따라 각각 어떻게 달라지는지를 보여주고 있다.

내가격 옵션은 만기가 가까워지면 감마가 매우 커진다는 점에 주목할 필요가 있다. 이는 작은 주가변동이, 해당 옵션이 내가격에서 종료할 확률에 많은 영향을 미치기 때문에 생겨나는 현상이다. 만기가 가까운 옵션의 경우, $|\delta|$는 이러한 확률과 대략 일치하며 작은 주가변동이 δ에 많은 영향을 미친다. 이를 통하여 만기에 가까운 등가격 옵션이 큰 감마 값을 갖는 것이 설명된다.

마지막으로, 모든 옵션의 감마는 **등가격**에 가까울 때 그 값이 가장 커진다는 점을 기억해 두는 것이 실질적으로 유용하다. 이는 **등가격**에 가까운 옵션의 값이 주가 움직임에 매우 민감하며, 따라서 자주 재 헤지할 필요가 있다는 의미도 내포한다. 또한, 주식이 행사가격과 가까워지면, 만기가 짧은 옵션의 감마가

[2] 원서의 수식(6.3)에 오타가 있다. (역자주)

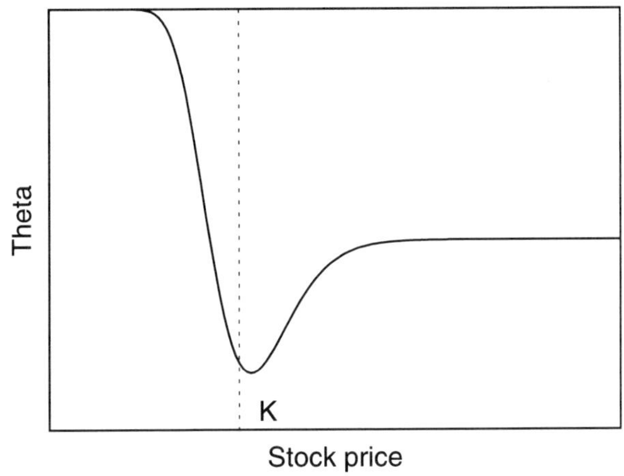

그림 6.3: 유럽형 콜옵션에서 금리가 절대적으로 양수일 때, 주가에 따른 쎄타의 변동.

만기가 긴 옵션의 감마보다 커지게 된다. 그렇게 때문에 만기가 짧은 등가격 옵션의 가격은 기초주식의 변동에 더욱 민감하며, 따라서 만기가 긴 등가격 옵션보다 자주 재 헤지해야 한다.

6.2 쎄타(Theta)

쎄타는 다른 모든 변수는 변화하지 않는 상황에서 시간의 흐름에 따른 옵션가격의 민감도를 측정한다. 따라서 이는 시간에 대한 옵션가격의 변화율이며, 일반적으로 그리스 문자 θ 를 사용하여 표시한다. 비록 주가, 금리 그리고 변동성 등의 변수가 변화하지 않더라도 옵션가격은 여전히 변화하게 된다. 수학적으로 쎄타는 시간에 대한 옵션가격의 미분값이다. 유럽형 콜옵션

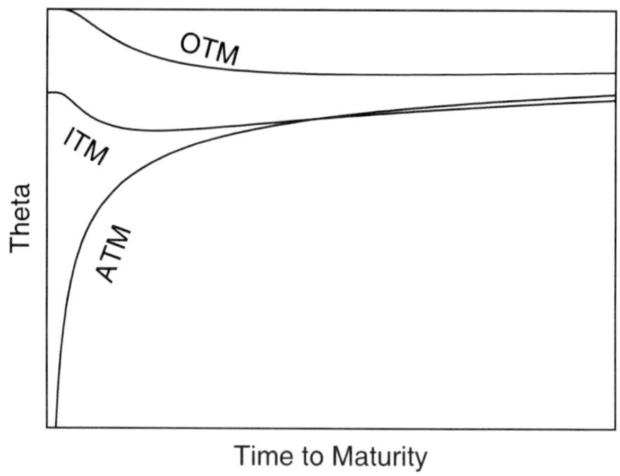

그림 6.4: 유럽형 콜옵션에서 잔존만기에 따른 쎄타의 변동.

의 쎄타는 항상 음수이며, 이는 시간이 흐름에 따라 옵션가격이 감소한다는 것을 의미한다. 유럽형 콜옵션에서 주가에 따른 쎄타의 변동은 그림 6.3에 표시되어 있다. 유럽형 콜옵션에서 잔존만기에 따른 쎄타의 변동은 그림 6.4와 같다. 유럽형 풋옵션의 쎄타는 많은 영역에서 음수이다. 양의 쎄타를 갖는 예로는 금리가 양수인 경우에 한하여 무배당주식의 내가격 유럽형 풋옵션이 있다. 깊은 내가격 풋옵션에서는 이를 직관적으로 관찰할 수 있다. 깊은 내가격 풋옵션의 경우 주가상승의 위험이 제한되어 있다는 것은 아무런 의미를 갖지 않는다. 이러한 사실과 금리에 따른 이점으로 인하여 깊은 내가격 유럽형 풋옵션은 시간이 흐름에 따라 더 큰 가치를 갖게 된다.[3] 그림 6.5에서는 유럽형 풋옵

[3]깊은 내가격 풋옵션의 경우 주가 상승 리스크가 무시되고, 주가의 추가 하락으로 인한 수익의 가능성도 없기때문에 내재가치를 할인한 값이 옵션의 가

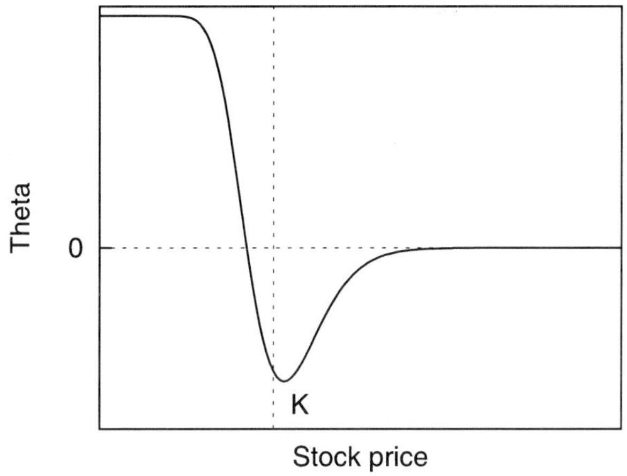

그림 6.5: 유럽형 풋옵션에서 금리가 절대적으로 양수일 때, 주가에 따른 쎄타의 변동.

션에 대하여 금리가 절대적으로 양수일 때 주가에 따른 쎄타의 변동이 나타나 있으며, 그림 6.6에서는 금리가 0인 경우를 표시한 것으로, 이는 유럽형 콜옵션의 경우에도 마찬가지이다. 아래 두 공식을 사용하여 유럽형 콜옵션과 풋옵션의 쎄타를 각각 구할 수 있다.

$$\theta_{\text{call,European}} = \frac{\partial c_t}{\partial t} = -\frac{S_t e^{-\frac{d_1^2}{2}} \sigma}{2\sqrt{2\pi}\sqrt{T-t}} - rKe^{-r(T-t)}N(d_2) \tag{6.4}$$

$$\theta_{\text{put,European}} = \frac{\partial p_t}{\partial t} = -\frac{S_t e^{-\frac{d_1^2}{2}} \sigma}{2\sqrt{2\pi}\sqrt{T-t}} + rKe^{-r(T-t)}N(-d_2) \tag{6.5}$$

격이다. (역자주)

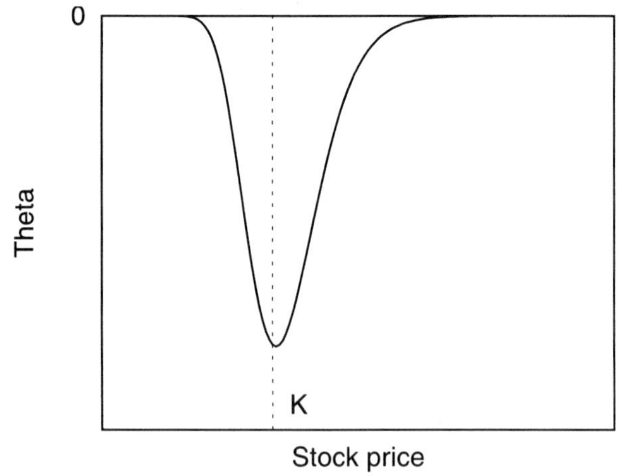

그림 6.6: 유럽형 콜옵션과 풋옵션에서 금리가 0인 경우 주가에 따른 쎄타의 변동.

이들 공식에서도 역시 σ, r, 그리고 $T-t$ 를 동일한 시간단위로 표시하는 것이 매우 중요하다.

6.3 베가(Vega)

베가는 다른 모든 변수는 변하지 않는 상황에서 변동성의 변화에 대한 옵션가격의 민감도를 측정한다. 따라서 이는 변동성이 1% 바뀌었을 때 옵션의 가격은 얼마나 바뀌는지를 보여준다. 실질적으로 옵션 트레이더는 변동성을 운용하기 때문에[4] 베가는 옵션 위험을 나타내는 가장 중요한 측도이다. 옵션 트레이더는

[4]델타헤지를 하는 트레이더의 입장에서는 주가의 방향성보다 변동성이 중요하다.

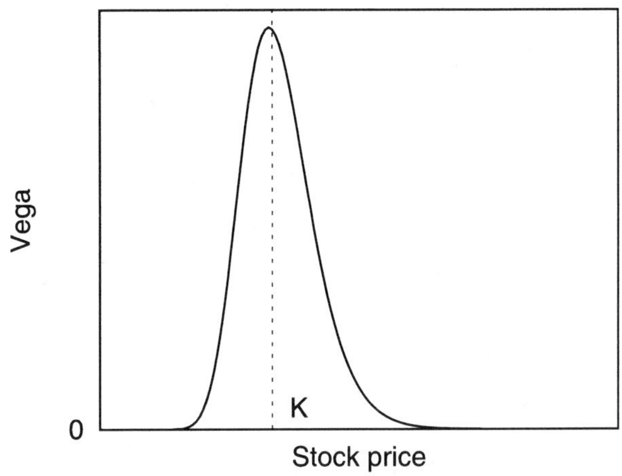

그림 6.7: 유럽형 콜옵션과 풋옵션의 주가에 따른 베가변동.

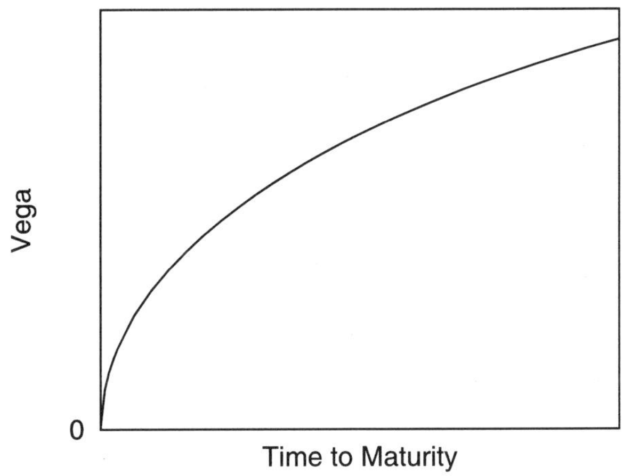

그림 6.8: 유럽형 콜옵션과 풋옵션의 잔존만기에 따른 베가변동

추후에 내재 변동성의 상승을 기대하고 또한 그런 경우 자신은 더 높은 내재 변동성 레벨에서 해당 옵션을 다시 매도할 기대를 가지고 특정 내재 변동성 레벨에서 옵션을 매수한다. 그렇지 않고 내재 변동성이 하락할 것으로 기대할 경우에는 추후 더 낮은 내재변동성 레벨에서 다시 매수할 생각으로 특정 내재 변동성 레벨에서 옵션을 매도한다. 여기에서 주목해야 할 점은 베가를 해석하는 데에는 이론적 변동성보다 내재 변동성이 더 많은 연관성을 가지며, 이러한 점은 8.1장에서 더 자세히 설명할 것이다. 또한, 콜옵션과 풋옵션이 동일한 베가를 갖기 때문에 베가를 놓고 볼 때는 콜옵션이 관여된 전략인지 풋옵션이 관여된 선략인지는 중요하지 않으며, 이와 관련해서는 아래 다시 서술한 수식 (2.6)과 (2.7)을 참조하도록 한다:

$$\nu_{\text{call, European}} = \frac{\partial c_t}{\partial \sigma} = \frac{1}{\sqrt{2\pi}} e^{-\frac{d_1^2}{2}} S_t \sqrt{T-t} > 0 \tag{6.6}$$

$$\nu_{\text{put, European}} = \frac{\partial p_t}{\partial \sigma} = \frac{1}{\sqrt{2\pi}} e^{-\frac{d_1^2}{2}} S_t \sqrt{T-t} > 0 \tag{6.7}$$

모든 옵션의 베가는 항상 양수이여, 이는 만약 (내재)변동성이 올라갈 경우 모든 옵션의 가치가 더 올라간다는 것을 의미한다. 그림 6.7과 6.8은 무배당 주식을 기초로 한 유럽형 옵션에 대하여 각각 주가와 잔존만기에 따른 베가의 변동을 보여주고 있다. 이들 그림을 보면, 주식이 행사가격과 가깝게 거래될 때 베가가 가장 크며, 옵션의 기간이 길수록 베가도 커진다는 점이 명확하게 나타난다. 따라서 감마와 베가를 비교함에 있어서, 이들 변수 둘 다 주식이 행사가격과 가깝게 거래될 때 가장 크지만, 잔존만기를 고려하면 감마는 옵션의 만기가 짧을 때 커지는 반면 베가

는 옵션의 만기가 길 때 커진다는 점을 기억해두는 것이 좋다.[5]

[5] 이자율이 0이라고 가정하면, ν와 γ는 아래의 관계식을 만족한다.

$$\sigma(T-t)S^2\gamma = \nu$$

이 식에서 잔존만기에 따른 ν와 γ의 상반된 특성을 알 수 있다. (역자주)

7 장

옵션트레이더의 수익

5.1장에 설명되어 있듯이 옵션은 δ만큼의[1] 기초자산을 매각함으로써 헤지할 수 있다. 즉, 만약 투자자가 옵션 매수 포지션일 경우, 그리고 이 옵션 기간 동안 해당 투자자가 δ만큼의 기초자산의 고정된 매도 포지션을 가지고 있다면, 이 포트폴리오의 수익률은 은행의 이자율과 같다. δ가 기초주가의 변화와 시간의 흐름에 따라 변화하기 때문에, 이 전략을 수행하기를 원하는 투자자는 매도 주식의 수를 계속적으로 조정해야만 한다. 현실에서 이것은 불가능하다. 매도 주식의 수는 특정한 시점에서만 조정할 수 있다. 이를 동적 헤지라 부르며, 델타 값에 따라 매도 주식의 수가 조정될 때마다 포트폴리오는 델타 중립으로 만들어진다. 본 장에서는 동적 헤지의 의미를 살펴보고 동적 헤지가 옵션 트레이더가 수익을 낼 수 있는 이유라는 점을 설명할 것이다.

[1] 풋옵션의 δ는 음수이기 때문에 이는 실제적으로 $|\delta|$만큼의 기초자산을 매수하는 것을 의미한다.

본 장의 전체에 걸쳐 정수가 아닌 실수의 주식을 매수 또는 매도하는 예가 사용된다. 이는 실제에서는 불가능하며 단지 설명 용도로만 사용된 것이다.

7.1 콜옵션 매수의 동적 헤지

주가가 $10인 주식을 생각해보자. 이러한 주식의 콜옵션 가격은 행사가격이 $12일 때 $4이다. 일별로 이러한 특정 콜옵션의 델타는 0.40, 감마는 0.02, 그리고 쎄타는 −0.01이다. 아래와 같은 포트폴리오가 구성되었다:

- 콜옵션 1개 $4에 매수
- 주식 0.40 주를 각 $10에 매도

본 7.1장의 목적은 기초자산의 가격이 다음과 같이 변화하였을 때 본 포트폴리오의 수익을 파악하는 것으로, 이러한 포트폴리오는 각각 1달러와 2달러마다 델타중립으로 조정된다:

- 0일 $10
- 1일 $9
- 2일 $8
- 3일 $9
- 4일 $10

7.1.1 $1마다 동적 헤지

- 4일 후 주가는 다시 $10이 되며, 이는 쎄타의 영향과는 별도로 콜옵션의 가격은 $4라는 것이다. 그러나 쎄타 때문에

콜옵션은 매일 0.01씩 가치가 감소한다. 따라서 4일 후에 콜옵션의 가격은 $3.96 이다.[2] 그러므로, 콜옵션의 발생손실은 $0.04 이다.

- $1마다 동적 헤지함으로써 다음과 같은 현금흐름을 얻을 수 있다. γ는 0.02이기 때문에 본 포지션을 델타중립으로 만들기 위해서는 주가가 $1하락하면 0.02 주를 매수하여야 하며, 주가가 $1 상승하면[3] 0.02주를 매도하여야 한다:
  - ◦ 1일에 0.02주를 $9에 매수 (−$0.18)
  - ◦ 2일에 0.02주를 $8에 매수 (−$0.16)
  - ◦ 3일에 0.02주를 $9에 매도 ($0.18)
  - ◦ 4일에 0.02주를 $10에 매도 ($0.2)

따라서, 동적 헤지의 수익은 $0.04 이다.

본 헤지 방법과 주가변화와 관련해서 본 포트폴리오의 총 수익은 $0 이다.

7.1.2 $2마다 동적 헤지

- 4일 후 주가는 다시 $10이 되며, 이는 쎄타의 영향과는 별도로 콜옵션의 가격이 $4라는 것을 의미한다. 그러나 쎄타때문에 콜옵션은 매일 0.01씩 가치가 감소한다. 따라서

[2] 쎄타 역시 시간의 흐름에 따라 변화한다는 점은 여기에서는 고려하지 않았다.

[3] 델타 역시 시간의 흐름에 따라 변화한다는 점은 여기에서는 고려하지 않았다.

4일 후에 콜옵션의 가격은 \$3.96이다. 그러므로, 콜옵션의 발생손실은 $\boxed{\$0.04}$이다.

- 포트폴리오가 \$2마다 동적 헤지가 되기 때문에, 본 포트폴리오는 2일 후와 4일 후에 델타중립이 된다. γ는 0.02이기 때문에 주가가 \$1 하락하면 델타는 0.02하락하며, 2일 후가 되면 $2 \times 0.02 = 0.04$ 주식을 매수하여야만 포트폴리오를 델타중립으로 만들 수 있다. 이를 통하여 다음과 같은 현금흐름이 생기게 된다:
  - 2일에 0.04주를 \$8에 매수 (−\$0.32)
  - 2일에 0.04주를 \$10에 매도 (\$0.4)

따라서, 동적 헤지의 수익은 $\boxed{\$0.08}$이다.

본 헤지 방법과 주가변화와 관련해서 본 포트폴리오의 총 수익은 $\boxed{\$0.04}$이다.

이들 두 개의 수치상의 예를 통하여 콜옵션 매수를 헤지할 때에는 주가가 조금 변화했을 때보다는 크게 변화한 후에 포트폴리오를 델타 중립으로 만드는 것이 더 수익성이 높다는 것을 알 수 있다. 그러나 이러한 전략에는 더 큰 위험이 숨어있다. 예를 들어, 다음의 주가추세에서는 \$1마다 다이나믹 헤징을 한 경우 여전히 수익이 나지만, \$2마다 한 경우에는 전혀 수익이 나지 않는다:

- 0일 \$10
- 1일 \$9
- 2일 \$8.50

- 3일 $9
- 4일 $10

7.2 콜옵션 매도의 동적 헤지

다시 한 번 주가가 $10인 주식을 생각해보자. 이러한 주식의 콜옵션 가격은 행사가격이 $12일 때 $4이다. 일별로 이러한 특정 콜옵션의 델타는 0.40, 감마는 0.02, 그리고 쎄타는 −0.01이다. 아래와 같은 포트폴리오가 구성되었다:

- 1 콜옵션 $4에 매도
- 0.40 주를 각 $10에 매수

7.2장의 목적은 기초자산의 가격이 다음과 같이 변화하였을 때 본 포트폴리오의 수익을 파악하는 것으로, 이러한 포트폴리오는 각각 1달러와 2달러마다 델타중립으로 조정된다:

- 0일 $10
- 1일 $9
- 2일 $8
- 3일 $9
- 4일 $10

7.2.1 $1마다 동적 헤지

- 4일 후 주가는 다시 $10이 되며, 이는 시간가치에서의 손실과는 별도로 콜옵션의 가격은 $4라는 것을 의미한다. 그러나 쎄타 때문에 콜옵션은 매일 0.01씩 가치가 감소한다.

따라서 4일 후에 콜옵션의 가격은 $3.96 이다.[4] 콜옵션을 매도하였기 때문에 콜옵션의 수익은 $0.04 이다.

- $1마다 동적 헤지함으로써 다음과 같은 현금흐름을 얻을 수 있다. γ는 0.02이고 콜옵션은 매도하였기 때문에 본 포지션을 델타중립으로 만들기 위해서는 주가가 $1 하락할 경우 0.02주를 매도하고, 주가가 $1 상승하면[5] 0.02주를 매수하여야 한다:
  - 1일에 0.02주를 $9에 매도 ($0.18)
  - 2일에 0.02주를 $8에 매도 ($0.16)
  - 3일에 0.02주를 $9에 매수 (–$0.18)
  - 4일에 0.02주를 $10에 매수 (–$0.2)

동적 헤지로 인한 손실은 $0.04 이다.

본 헤지 방법과 주가변화와 관련해서 본 포트폴리오의 총 수익은 $0 이다. 비록 이러한 총수익은 콜옵션 매수시의 총수익과 동일하다. 하지만, 여기에서는 옵션에 대하여 수익이 발생하고 동적 헤지에서 손실이 발생하여 콜옵션 매수의 경우와 반대였다. 다음 예에서는 동일한 헤지 방법이 사용되었을 때 콜옵션 매도의 수익은 콜옵션 매수의 수익의 반대부호(마이너스) 금액이라는 점을 설명한다.

[4] 쎄타 역시 시간의 흐름에 따라 변화한다는 점은 여기에서는 고려하지 않았다.

[5] 델타 역시 시간의 흐름에 따라 변화한다는 점은 여기에서는 고려하지 않았다.

7.2.2 \$2마다 동적 헤지

- 4일 후 주가는 다시 \$10이 되며, 이는 시간가치의 상실과는 별도로 콜옵션의 가격이 \$4라는 것을 의미한다. 그러나 쎄타 때문에 콜옵션은 매일 0.01씩 가치가 감소한다. 따라서 4일 후에 콜옵션의 가격은 \$3.96이다. 콜옵션이 매도되었기 때문에 콜옵션의 수익은 $\boxed{\$0.04}$이다.

- 포트폴리오를 \$2마다 동적 헤지 하기때문에, 본 포트폴리오는 2일과 4일에 델타중립이 된다. γ는 0.02이기 때문에 주가가 \$1 하락하면 델타는 0.02하락하며, 2일에 매도된 콜의 경우, $2 \times 0.02 = 0.04$ 주식을 매도하여야만 포트폴리오를 델타중립으로 만들 수 있다. 동일한 방법으로 4일에는 0.04주를 매수하여야 포트폴리오가 델타중립이 된다. 이를 통하여 다음과 같은 현금흐름이 생기게 된다:

  ◦ 2일에 0.04주를 \$8에 매도 (\$0.32)

  ◦ 2일에 0.04주를 \$10에 매수 (−\$0.4)

따라서, 동적 헤지로 인한 손실은 $\boxed{\$0.08}$이다.

본 헤지 방법과 주가변화와 관련해서 본 포트폴리오의 총 손실은 $\boxed{\$0.04}$이다.

앞의 예에서 동일한 헤지 방법이 사용될 경우, 콜옵션 매도의 수익은 콜옵션 매수의 수익의 반대부호(마이너스) 금액이라는 점을 알 수 있다. 또한, 콜옵션 매도의 경우 주가가 조금 변화한 후에 포트폴리오를 델타 중립으로 만드는 것이 더 수익성이 높은 반면, 콜옵션 매수의 경우에는 주가가 조금 변화했을 때보다는 크게 변화한 후에 포트폴리오를 델타중립으로 만드는 것이 더 수익성이 높다.

7.3 동적 헤지의 수익공식

여기에서는 델타 중립인 포트폴리오에서 주가 변동과 감마의 변화에 따른 동적 헤지의 수익을 표현하는 공식이 제시되었다. 이 공식은 이자율이 0일때의 콜옵션 매수 포지션과 콜옵션 매도 포지션을 통해 도출할 것이다. 풋옵션 매수와 풋옵션 매도을 통한 공식 도출은 여기에서 설명한 것과 유사하다.

기초자산의 가치가 S_t이고 콜옵션의 가치가 c_t라고 가정하자. 또한 이러한 콜옵션의 델타는 δ이며 콜옵션의 감마는 γ라고 가정하자. 뿐만 아니라, 이자율은 0이라고 가정한다. 여기에서의 목적은 주가가 y달러 만큼 변동한 후 동적 헤지를 하였을 때, 그 수익에 대한 일반적인 공식을 제시하는 것이다. 이러한 공식은 아주 작은 주가변동, 즉 아주 작은 숫자의 y만큼 변동했을 때에만 해당된다는 점을 유의하여야 한다.

7.3.1 콜옵션 매수

- 주가의 상승 움직임

    ◦ 콜옵션의 매수포지션 때문에 가격이 상승함에 따라 본 옵션에서는 수익이 발생할 것이다. 주가가 y만큼 상승한 후 새로운 델타는 $\delta + \gamma y$이기 때문에, 주가 상승 이후의

평균델타는 다음과 같다:

$$\frac{\delta + (\delta + \gamma y)}{2} \tag{7.1}$$

옵션 가격의 상승은 주가 상승에 따른 평균델타 곱하기 주가 변동과 동일하며, 산술적으로는 다음과 같이 표현된다.

$$\frac{\delta + (\delta + \gamma y)}{2} \times y \tag{7.2}$$

◦ 콜옵션의 매수포지션 때문에 δ만큼의 기초자산 매도포지션이 있다(그렇지 않으면 본 포트폴리오는 델타중립일 수 없다). 주가가 상승함에 따라서 주식의 매도포지션에서 아래의 금액만큼 손실이 발생한다.

$$-\delta y \tag{7.3}$$

이러한 동적 헤지의 총 수익은 아래와 같다:

$$\frac{\gamma}{2} \times y^2 \left(= \frac{\delta + (\delta + \gamma y)}{2} \times y - \delta y \right) \tag{7.4}$$

- 주가의 하락 움직임

◦ 주가의 하락으로 인하여 콜 매수포지션의 가치 또한 하락하게 된다. 주가의 하락 움직임에 따른 평균 델타는 다음과 같다:

$$\frac{\delta + (\delta - \gamma y)}{2} \tag{7.5}$$

콜옵션의 매수 포지션으로 인하여 본 옵션에서 발생한 손실은 아래와 같다:

$$\frac{\delta + (\delta - \gamma y)}{2} \times (-y) \tag{7.6}$$

∘ 콜옵션의 매수포지션 때문에 δ만큼의 기초자산 매도포지션이 있다(그렇지 않으면 본 포트폴리오는 델타중립일 수 없다). 주가가 하락함에 따라서 주식의 매도포지션에서 아래의 금액만큼 수익이 난다.

$$\delta y \tag{7.7}$$

또한 동적 헤지의 총 수익은 다음과 같다:

$$\frac{\gamma}{2} \times y^2 \left(= \frac{\delta + (\delta - \gamma y)}{2} \times (-y) + \delta y \right) \tag{7.8}$$

결론적으로, 주가가 하락 또는 상승하던 관계없이, y 만큼의 작은 주가변동 이후 콜옵션 매수에 대한 동적 헤지를 통한 수익은 항상 $\frac{\gamma}{2} \times y^2$과 동일하다.

7.3.2 콜옵션 매도

- 주가의 상승 움직임

∘ 주가의 상승으로 인하여 콜옵션의 매도포지션 가치는 하락하게 된다. 주가 상승 움직임에 따른 평균 델타는 아래와 같다:

$$\frac{\delta + (\delta + \gamma y)}{2} \tag{7.9}$$

콜옵션의 매도포지션으로 인하여 본 옵션의 발생손실은 아래와 같다:

$$-\frac{\delta + (\delta + \gamma y)}{2} \times y \tag{7.10}$$

◦ 콜옵션의 매도포지션 때문에 δ만큼의 기초자산 매수 포지션이 있다(그렇지 않으면 본 포트폴리오는 델타중립일 수 없다). 따라서 이들 주식에서는 수익이 발생하게 되며 그 금액은 아래와 같다:

$$\delta y \tag{7.11}$$

이러한 동적 헤지의 총 손실은 아래와 같다:

$$-\frac{\gamma}{2} \times y^2 \left(= -\frac{\delta + (\delta + \gamma y)}{2} \times y + \delta y \right) \tag{7.12}$$

- 주가의 하락 움직임

◦ 주가의 하락으로 인하여 매도 포지션의 가치는 상승하게 된다. 주가의 하락 움직임에 따른 평균 델타는 다음과 같다:

$$\frac{\delta + (\delta - \gamma y)}{2} \tag{7.13}$$

콜옵션의 매도포지션으로 인하여 본 콜 옵션에서 발생한 수익은 아래와 같다:

$$-\frac{\delta + (\delta - \gamma y)}{2} \times -y = \frac{\delta + (\delta - \gamma y)}{2} \times y \tag{7.14}$$

◦ 콜옵션의 매도포지션 때문에 δ만큼의 기초자산 매수 포지션이 있다(그렇지 않으면 본 포트폴리오는 델타중립일 수 없다). 따라서 이들 주식에서는 손실이 발생하게 되며 그 금액은 아래와 같다:

$$-\delta y \tag{7.15}$$

또한 동적 헤지의 총 손실은 다음과 같다:

$$-\frac{\gamma}{2}y^2 \left(= \frac{\delta + (\delta - \gamma y)}{2} \times y - \delta y\right) \tag{7.16}$$

결론적으로 주가가 하락 또는 상승하던 관계없이, y만큼의 작은 주가변동 이후 콜옵션 매도에 대한 동적 헤지를 통한 수익은 항상 $-\frac{\gamma}{2} \times y^2$과 동일하다.

콜옵션 매수와 콜옵션 매도에서 도출한 것과 마찬가지로, 풋옵션 매수와 풋옵션 매도의 동적 헤지의 수익 공식 또한 도출할 수 있다. 풋옵션 매수의 수익 공식이 $\frac{\gamma}{2}y^2$이고 풋옵션 매도에서는 $-\frac{\gamma}{2}y^2$인 것을 알 수 있을 것이다. 이러한 공식들은 아주 작은 y에서만 성립한다는 것을 다시 한 번 강조한다. 콜옵션 매도와 풋옵션 매도의 동적 헤지는 손실로 귀결된다라는 것이 밝혀졌다. 이로부터 다음과 같은 질문을 떠올릴 수 있다. 그렇다면 콜옵션과 풋옵션 매도 포지션을 동적 헤지하는 이유는 무엇인가? 미국형 옵션의 경우 답은 쉽다. 동적 헤지로 인해서 포지션이 다시금 델타 중립으로 만들어 지기 때문에, 따라서 만약에 옵션이 행사될 경우 손실은 그다지 크지 않을 것이다. 유럽형 옵션의 경우에도 이것 역시 논리적으로 타당하다. 콜옵션이나 풋옵션의 매도 포지션을 보유하고, 큰 주가의 변동 후에 동적 헤지를 하는 것은 작은 주가 변동 후에 동적 헤지를 하는 것보다 큰 손실을 가져온다는 것을 알 수 있다. 따라서, 위험을 줄이기 위해서, 유럽형 옵션의 매도 포지션 보유자는 그의 포지션을 동적 헤지를 해야만 한다.

결론적으로, 옵션 매수 포지션의 동적 헤지는 수익을 가져오고 옵션에 지불한 가격을 보상해준다. 옵션을 매수한 트레이더는 자신이 옵션에 대해 지불한 가격보다는 동적 헤지를 통해 더 많은 수익을 기대한다. 옵션의 매도 포지션의 동적 헤지는 위험을 줄여주는 효과를 지닌다. 옵션을 발행한 트레이더는 자신이 옵션에 대해서 받는 가격보다는 동적 헤지로 인해서 손실을 덜 입을 것으로 기대한다.

7.4 동적 헤지와 θ와의 관계

7.3장에서 이자율이 0이라고 가정한 경우, 콜옵션 매수의 동적 헤지를 통한 수익은 $\frac{\gamma}{2}y^2$임을 도출하였다. 이 수식에서, y는 포트폴리오가 델타 중립이 된 이후의 주식의 변동이다. 만약 σ가 짧은 시간 간격 I 동안의 변동성이라 하면, 이러한 기간 동안의 주식 변동의 예상폭은 다음과 같다.

$$\sigma S_t \tag{7.17}$$

따라서, 포트폴리오가 델타중립이 된 후, 시간 간격 I후의 주식의 예상 변동은 σS_t가 될 것이다. 이는 만약 포트폴리오가 I라는 시간 이후에 델타 중립이 된다면, 동적 헤지의 수익 공식에서 $y = \sigma S_t$가 된다는 의미이다. 따라서, 매 I라는 시간 주기마다의 동적 헤지의 수익은 다음과 같다.

$$\frac{\gamma \cdot \sigma^2 \cdot S_t^2}{2} \tag{7.18}$$

γ의 표현을 – 식 (6.1) 참조 – (7.18)의 공식으로 대체하면 매 시간 주기 I에 대한 동적 헤지의 수익을 다음과 같이 표현할 수 있다. σ는 시간 주기 I에 걸쳐서 측정되기 때문에, $T-t$의 단위 또한 I여야만 한다.

$$\frac{e^{\frac{-d_1^2}{2}}\sigma S_t}{2\sqrt{2\pi}\sqrt{T-t}} \tag{7.19}$$

만약 이자율이 0이면, 쎄타의 표현 – 식 (6.4) 참조 – 은 아래와 같다. (σ와 $T-t$의 시간단위는 I) :

$$\theta_I = -\frac{e^{\frac{-d_1^2}{2}}\sigma S_t}{2\sqrt{2\pi}\sqrt{T-t}} \tag{7.20}$$

수식 (7.19)와 (7.20)을 통해 콜옵션 매수의 경우 매 시간주기 I에 대한 동적 헤지의 수익은 매시간 주기 I동안[6] 옵션의 발생

[6]비록 이러한 도출에서 δ 또한 시간의 흐름에 따라 변동하고 θ도 주가와 함께 변동한다는 것이 고려되지 않았으나, 이 관계는 여전히 성립한다. 이는 각각 γ과 θ의 영향과 비교했을 때 이 둘의 영향은 매우 작기 때문이다. 어쨌거나 이러한 것을 고려했다면 동적 헤지의 수익은 다음과 같을 것이다. :

$$\left(\frac{\gamma}{2}\times y+\frac{\partial\delta}{\partial t}\right)\times y =$$

$$\left(\frac{e^{\frac{-d_1^2}{2}}}{2\sqrt{2\pi}\sqrt{T-t}}+\frac{e^{\frac{-d_1^2}{2}}}{\sqrt{2\pi}}\left(\frac{\ln\left(\frac{S_t}{K}\right)}{2\sigma(T-t)\sqrt{T-t}}-\frac{\sigma}{4\sqrt{T-t}}\right)\right)\sigma S_t$$

σ가 특정한 정해진 기간인 $1/\sqrt{T-t}$과 동일하고, $T-t$가 매우 크기 때문에 (시간단위는 I), 괄호 안에 있는 두 번째 항은 괄호 안의 첫 번째 항과 비교했을 때 무시할 만큼 작다. 이것은 콜옵션 매수의 동적 헤지의 수익이 $\frac{e^{\frac{-d_1^2}{2}}}{2\sqrt{2\pi}\sqrt{T-t}}$이라는 것이다. 같은 방법으로 시간간격 I이후 콜옵션 매수의 시간가치에서의 손실은 $-\frac{e^{\frac{-d_1^2}{2}}}{2\sqrt{2\pi}\sqrt{T-t}}$ 과 같다고 주장할 수 있다.

손실과 동일하다는 결론을 내릴 수 있다. 이러한 관계는 I가 아주 작은 값일 경우에만 유효하다는 것을 유념해야 한다. 풋옵션 매수의 경우에도 동일한 결론을 도출할 수 있다. 물론 콜옵션이나 풋옵션의 매도 포지션에서는 그 반대가 성립한다. 즉 수익은 θ에서 발생하고 손실은 동적 헤지에서 발생한다는 것이다. 따라서 위의 예를 통해 이자율이 0인 경우 γ와 θ사이에는 다음과 같은 관계가 성립한다는 것을 알 수 있다.

$$\frac{1}{2}\sigma^2 S_t^2 \gamma + \theta = 0 \tag{7.21}$$

이러한 관계는 매우 극소의 시간단위 I에서, 그리고 주식의 실제 변동성은 옵션의 내재변동성과 동일하다는 가정 하에서만 성립한다. 이를 이해하기 위해서는, 옵션의 그릭이 내재변동성을 이용하여 산출되었다는 것을 기억하면 된다.

7.5 이자율이 양수일 때 동적헤지와 θ사이의 관계

7.5장의 목적은 이자율이 0이 아닌 경우에 동적 헤지와 θ사이의 관계를 파악하는 것이다. 7.4장에서 이자율이 0일 때 그 관계는 동적 헤지가 극소의 시간단위 I이후에 실시된 경우, 동적 헤지의 예상 수익 또는 손실이 옵션의 시간가치에서 발생하는 예상 손실 또는 수익으로 상쇄된다고 설명되었다. 어떻게 보면 이를 통하여 옵션 가격이 공정하다는 것을 알 수 있다. 수학적으로, 이

것은 다음과 같이 표현할 수 있다.

$$\frac{1}{2}\sigma^2 S_t^2 \gamma + \theta = 0 \tag{7.22}$$

이자율이 양수인 경우 만약 동적 헤지가 극소의 시간단위 I 후에 이루어 진다고 가정하면, 동적 헤지를 통한 수익 또는 손실이 여전히 옵션의 시간가치에 따른 수익 또는 손실로 상쇄 된다고 예상할 수 있다. 이는 7.3장과 7.4장에서의 도출한 것과 일맥상통한다.

투자자가 콜옵션 매수 포지션을 보유하고 있다고 가정해보자. 7.4장에서 짧은 기간 I 이후의 나이나믹 헤징의 수익은 다음과 같다고 설명되어 있다 :

$$\frac{1}{2}\sigma^2 S_t^2 \gamma = \frac{e^{\frac{-d_1^2}{2}} \sigma S_t}{2\sqrt{2\pi}\sqrt{T-t}}$$

이자율이 양수일 때, 동적 헤지의 총 수익을 얻기 위해서는 추가적인 조건들을 고려해 보아야 한다. 이 투자자가 콜옵션의 매수 포지션을 보유하고 있기 때문에, 그는 쎄타로 인해 손실을 입는 것 뿐만 아니라 콜옵션의 매수에 따른 금융 비용때문에 추가적인 손실을 입는다. 이러한 손실은 기간 I 동안의 이자율 곱하기 옵션의 가격과 동일하다. 수학적으로는 다음과 같다.[7]

$$-rc_t = -r\left(S_t N(d_1) - Ke^{r(T-t)} N(d_2)\right)$$

[7]실제로 이 손실은 $-(e^r - 1)(S_t N(d_1) - Ke^{-r(T-t)} N(d_2))$과 일치한다. 그러나 r이 작을 경우 (그리고 r이 짧은 기간 I 동안에 측정되었기 때문에 해당) 테일러 급수전개를 통해 손실은 다음과 같아진다. $-r\left(S_t N(d_1) - Ke^{r(T-t)} N(d_2)\right)$

r의 시간 단위는 σ와 $T-t$의 시간단위와 마찬가지로 I이다. 이 투자자가 그의 포트폴리오를 짧은 기간 I동안에 동적 헤지를 하기 때문에 그는 $\delta = N(d_1)$의 기초자산 주식에 매도 포지션을 가지고 있다. 이는 주식 포지션의 가치에 대해서 이자를 받는다는 것을 의미하며 그 값은 다음과 같다.[8]

$$r\delta S_t = rN(d_1)S_t$$

따라서 이자율이 절대 양수일 경우, 짧은 기간 I 후의 동적 헤지로 인한 총 수익은 다음과 같다.

$$\frac{e^{\frac{-d_1^2}{2}}\sigma S_t}{2\sqrt{2\pi}\sqrt{T-t}} - r(S_tN(d_1) - Ke^{-r(T-t)}N(d_2)) + rN(d_1)S_t$$

$$= \frac{e^{\frac{-d_1^2}{2}}\sigma S_t}{2\sqrt{2\pi}\sqrt{T-t}} + rKe^{-r(T-t)}N(d_2) \tag{7.23}$$

이자율이 양수일 때, 짧은 기간 이후의 콜옵션의 쎄타는 다음과 같다. (σ, $T-t$, 그리고 r의 시간 단위는 I이다.) :

$$\theta_I = -\frac{e^{\frac{-d_1^2}{2}}\sigma S_t}{2\sqrt{2\pi}\sqrt{T-t}} - rKe^{-r(T-t)}N(d_2) \tag{7.24}$$

그렇기 때문에 동적 헤지의 수익은 쎄타로 인한 손실로 또다시 상쇄된다. 물론 풋옵션 매수에 대해서도 똑같은 결론을 도출할 수 있다. 콜옵션 매도와 풋옵션 매도의 경우에는 반대의 결론을 도출할 수 있다. 즉, 짧은 기간 I이후의 동적 헤지에 대한 손실

[8] 여기에서도 실제 수익은 $(e^r-1)N(d_1)S_t$이지만, 테일러 급수전개 통하여 $rN(d_1)S_t$과 동일한 것으로 표시할 수 있다.

은 쎄타로 인한 수익으로 상쇄된다는 것이다. 수학적으로 위 결론은 아래와 같이 표현할 수 있다.

$$\frac{1}{2}\sigma^2 S_t^2 \gamma - rc_t + r\delta S_t + \theta = 0 \tag{7.25}$$

$$\Updownarrow$$

$$\frac{1}{2}\sigma^2 S_t^2 \gamma + r\delta S_t + \theta = rc_t \tag{7.26}$$

7.6 결론

앞에서 설명한 것처럼, 동적 헤지를 통한 예상 손익은 옵션 포트폴리오가 극소의 기간 이후에 동적 헤지되는 경우에 한하여 쎄타로 인한 손익의 음의 값이다. 비록 이러한 관계가 그 기간이 아주 짧을 경우에만 성립하지만, 대략적으로는 좀 더 긴 기간에 대해서도 성립할 수 있다는 것이 명백하다. 이러한 관계는 주식이 내재변동성에 따라서 변동할 때에만 성립한다는 것을 유념해야 한다. 그리고 바로 이러한 부분에서 옵션 트레이더의 통찰력이 나타난다. 만약 옵션 트레이더가 내재변동성이 너무 낮다고 생각하면 옵션을 매수해야 한다. 만약 그의 판단이 옳을 경우 그는 쎄타로 인해 발행하는 손실보다 동적 헤지를 통하여 더 큰 수익(옵션 매수에서 동적 헤지의 수익 공식은 변동성에 따라 증가한다)을 얻게 될 가능성이 높다. 만약 내재변동성이 너무 높다고 판단할 경우, 그는 옵션을 매도해야 한다. 그의 판단이 옳을 경우, 동적 헤지를 통한 손실은 쎄타로 인한 수익보다 낮을 가능성이 높다. 내재변동성이 너무 낮다 또는 너무 높다라고 해서 수익을 얻을 수 있다는 보장은 아니라는 것을 명심해야 한다. 그것은 기초자산의 어떤 변동 이후에 포트폴리오를 델타 중립으로 만들었는지에 큰 영향을 받는다. 이는 7.1장에서 설명해 놓았다. 수익의 폭 또한 어떠한 시점에 주식의 가장 큰 변동성을 실현 했는지와 그것이 얼마나 등가격에 가까운지에 따라 결정된다.[9] 예를 들어 10일 후 만기되는 등가격 콜옵션 매수 포지션을 가정해 보자. 등가격 콜옵션의 감마가 옵션이 만기에 가까워 질수록 커지기 때문에, 식 (7.8)의 동적 헤지의 수익공식을 보면, 같은 주가의 10% 변동이 만기 10일전보다 만기 하루 전에 더 좋은 결과를 가져온다는 사실을 쉽게 이해할 수 있다.

결론적으로 옵션 트레이더의 수익은 두 가지 측면에 따라 결정된다. 첫 번째는, 내재변동성이 너무 높은지 또는 너무 낮은지 판단해야 하고, 둘째로는 올바른 주가 변동 후, 그리고 올바른 시기에 포트폴리오를 델타 중립으로 만들어야 한다는 것이다.

[9] 델타 헤지의 총 손익은 옵션 발행 시부터 만기까지 실현된 주가의 경로에 의존한다. (역자주)

8 장

실무에서의 옵션 그릭

옵션 운용에 있어서 옵션 그릭을 이해하는 것은 매우 중요하다. 옵션 그릭은 트레이더들이 직면한 위험을 이해하는 것을 도와준다. 옵션 그릭은 기본적으로 트레이더들이 그들의 위험을 이해하는 것을 도와주지만, 또한 트레이더들이 특정 기업이나 전체 경제에 대해 가지고 있는 전망에 의거해 어떤 전략들이 가장 많은 이익을 내게 될지를 결정하는 것에도 도움을 준다. 여기에서는 옵션 그릭을 더 자세히 설명할 것이고, 특정 기업이나 경제상황에 따라 어떤 전략이 수익을 내기에 가장 적절한지에 대한 감을 제공할 것이다.

8.1 감마와 베가의 상호 작용

6.3장에서 언급했듯이, 감마는 옵션의 만기가 짧을 때 크고 베가는 옵션의 만기가 길 때 크다. 그렇지만, 감마와 베가 모두는 옵

션이 등가격에 가까울 때 가장 크게 된다. 요약하자면, 만기가 긴 등가격 옵션은 베가가 크고 상대적으로 감마가 작으며, 만기가 짧은 등가격 옵션은 감마가 크고 상대적으로 베가가 작다. 따라서 트레이더가 만기가 긴 옵션을 살 지 만기가 짧은 옵션을 살지를 결정하는 것은, 기본적으로 그가 감마 운용을 할지 베가 운용을 할지를 결정하는 것이다.

7장에서, 옵션 매수의 경우 트레이더가 델타를 조정할 수만 있으면 트레이더의 수익이 기초자산 주식의 움직임으로부터 나온다는 것을 보았다. 트레이더가 그의 델타를 조정할 때, 기본적으로 트레이더는 낮은 가격 수준에서 기초자산 주식을 사고 높은 가격 수준에서 주식을 판다. 기초자산 주식의 움직임이 델타의 변화를 유발하는 이유는 감마 때문이다. 따라서, 트레이더가 주식이 향 후 3개월간 변동성이 심하게 움직이고 그 후 주식의 변동성이 줄어들 것이라 생각한다면 최고의 전략은 만기가 짧은 옵션을 사는 것이다. 이 경우 트레이더는 큰 감마를 가지게 되고, 그 결과 기초자산 주식의 움직임으로부터 최대의 수익을 얻을 수 있다. 이것은 실적발표 시즌에 매우 인기 있는 전략이다. 왜냐하면 이 기간에 기업들은 일 년간의 실적과 전망을 발표하고 이는 주식의 큰 움직임을 가져올 수 있기 때문이다.

또 다른 전략은 만기가 긴 옵션을 매수하는 것이다. 언급한 대로, 만기가 긴 옵션은 작은 감마와 큰 베가를 가진다. 따라서 만기가 짧은 옵션과는 대조적으로, 트레이더가 만기가 긴 옵션을 매수할 때는 실현 변동성에는 별로 신경 쓰지 않고 내재변동성에 더욱 신경 쓰는 것이다. 다시 말해서, 트레이더가 3년 만기

옵션을 매수한다는 것은 그가 3년짜리 내재변동성이 상승하기를 원하는 것이고, 그 후에 트레이더가 그 옵션을 더 좋은 가격수준으로 팔 수 있는 것이다. 트레이더가 가까운 미래의 실현변동성을 신경 쓰지 않는 이유는 3년 만기 옵션이 작은 감마를 가지기 때문에 그가 이 옵션의 델타를 조정함으로써 수익을 얻으려 하지 않을 것이기 때문이다. 그러나 실현변동성이 상승하면 3년 만기 옵션의 내재변동성도, 3개월짜리 옵션만큼은 아니지만, 상승할 가능성이 있다. 이것은 트레이더가 가까운 미래에 변동성이 상승할 것을 예상할 시에 만기가 긴 옵션보다는 짧은 옵션을 매수하는 것이 더 낫다는 것을 다시 한 번 설명해 준다. 이것으로부터 명확한 사실은, 만기가 긴 옵션을 매수하는 것의 유일한 정당화는 트레이더가 중기 혹은 장기의 미래에 큰 사건이 일어나는 것을 예상하는 것이다. 전쟁, 선거, 유가변동, 합병이나 주가의 변동을 가져올 수 있는 다른 모든 것이 이러한 사건에 속할 수 있다.

위의 내용에서 명확하게 알 수 있는 것은 옵션 그릭을 이해하는 것이 트레이더가 그들의 위험을 관리하는 것뿐만 아니라 그들의 경제 전망에 어떠한 전략이 가장 적합한지를 이해하는 것에 도움을 줄 수 있다는 것이다. 그러나 위의 경우는 두 가지 다른 경제적 사건에 대한 두 가지의 매우 간단한 전략만을 설명한 것에 불과하다. 현실에서는, 트레이더들은 그들의 경제전망에 약간의 기어링(gearing)을 주기 위해 여러 전략을 펼쳐놓으려 할 것이다. 예를 들면, 실적발표 시즌 바로 전에 펼칠 수 있는 하나의 전략은 1개월 만기 옵션을 매수하고 3개월 만기 옵션을 매도하는 것이 될 수 있을 것이다. 이러한 전략은 연간 보고서가 주가의 일회적인 큰 움직임을 야기하고 그 후에는 주식 가격이 안정되고 크게 움직이지 않을 것이라는 관점에 더 가중을 준다. 마찬가지로, 주가가 다음 년도에는 그다지 움직이지 않다가 그 후 유가 상승 시에 변동성이 큰 한 해를 보낼 것이라는 전망에 기어링을 주기 위해서는, 가장 좋은 전략은 2년 만기 옵션을 매수하고, 1년 만기 옵션을 매도하는 것이다.

여기에서는 단지 기초자산 주가가 옵션의 만기까지 계속해서 옵션의 행사가격과 가까울 것이라는 가정하에서 감마와 베가 전략의 측면들을 설명했다. 왜냐하면, 만약 주가가 옵션의 행사가격으로부터 상당히 멀리 떨어지게 움직이게 되면, 그 옵션은 감마나 베가 모두를 가지지 않게 되기 때문이다. 이 문제는 8.2장에서 설명할 것이다.

8.2 옵션 그릭에 대한 기초자산 주식의 방향의 중요성

트레이더들이 만기가 긴 옵션을 매수했을 때 직면하는 문제점이란 기초자산 주식이 2년의 시간 동안에 어떻게 운용될지를 알 지 못한다는 것이다. 여기에서는 트레이더가 만기가 긴 옵션을 운용할 때 단순히 주식의 변동성만 신경 쓰는 것이 아니라 주식의 방향에 대해서도 전망을 갖는 것이 왜 중요한지를 설명할 것이다.

한 옵션 트레이더가 2년 만기의 내재변동성 25인 등가격 옵션을 매수했다고 가정해 보자. 8.1장에서 설명한 것처럼, 이것은 트레이더가 가까운 미래에 내재변동성이 상승할 것을 예상하고, 그 후에 그가 더 높은 내재변동성 수준에서 그 옵션을 매도할 수 있는 전형적인 베가 운용이다. 트레이더가 기초자산 주식에 대한 그의 위험 노출을 헤지 했을 것이기 때문에, 이 전략은 만약 내재변동성 상승이 맞다면 트레이더가 수익을 거둘 수 있는 전략이다. 그러나, 이 특정 옵션이 매우 유동성이 떨어져서 트레이더가 시장에서 이 옵션을 매도하는 것이 쉽지 않다고 생각해 보자. 이것은 트레이더가 옵션의 만기까지 특정한 옵션 포지션에 갇혀버린다는 의미이다. 만약 기초자산인 주식이 옵션의 만기까지 25의 변동성을 실현한다면 트레이더는 수익이나 손실을 갖지 않을 것이라 생각할 수도 있다. 불행하게도 이것은 그렇게 단순하지가 않다. 주식 가격이 2년 동안 낮은 변동성 상황에서 행사가격과는 아주 멀리 이동해버리고 그 후에 변동성이 커지면서 옵션 만기까지의 변동성이 정확히 25가 되는 시나리오를 생각해 보자. 이 시나리오에서 트레이더는 거의 대부분 손실을 실현할 것이다. 왜냐하면 주가가 행사가격으로부터 멀리 움직여버리면 옵션은 감마를 거의 가지지 않게 된다. 7장에서 살펴본 것처럼, 작은 감마는 트레이더가 델타를 조정하는 것을 상대적으로 덜 자주하게 만들 것이고, 이러한 상황에서 그는 델타헤지로부터 옵션에 지급한 프리미엄만큼의 수익을 얻을 수 있도록 하는 충분한 수익을 거둘 수 없을 것이다.

8.3 만기가 짧은 옵션의 핀위험(Pin risk)

가장 위험한 옵션중의 하나가 만기가 아주 짧은 등가격 옵션이라는 것을 납득하기 어려울 수도 있다. 만기가 하루 남은 등가격 옵션에서의 문제는 이 옵션이 내가격으로 행사될 지, 외가격으로 소멸할 지를 판단하기가 매우 힘들다는 것이다. 옵션 트레이더가 만기 하루짜리 등가격 콜옵션과 같은 옵션을 매도하기로 결정할 시에 그는 이 옵션을 헤지하기 위하여 무엇을 해야 하는지 알 수 없다는 것이다. 물론 트레이더는 이 옵션의 델타를 살펴보고 그에 따라서 헤지를 할 수 있겠지만, 옵션의 감마가 워낙 크기에 델타는 거의 무의미해진다. 불가피하게도, 트레이더는 만기 시의 기초자산 주가에 대한 전망을 해야만 한다. 등가격 콜옵션의 경우 트레이더는 기초자산 주가가 만기 시에 행사가격보다 높을지를 판단 해야만 하고 그러할 경우에 그는 그 콜옵션을 델타 1로 (옵션과 같은 수의 주식을 사는 것으로) 헤지할 것이다. 반대로 주가가 만기 시에 행사가격보다 낮을 시에는 그는 델타 0으로 (주식을 한 주도 사지 않음으로) 헤지 해야 할 것이다. 명백하게도, 이 전략에서 트레이더의 판단이 틀린 것으로 판명될 시에는 매우 큰 손실을 보게 될 것이다. 만약 트레이더가 50%의 델타(옵션 수의 절반의 주식을 매수)로 매매를 한다고 해도, 큰 감마 때문에 여전히 손실이 큰 전략이 될 수 있다. 감마가 이렇게 큰 이유는 기초자산 주가가 행사가격을 통과할 때마다 델타는 0에서 1 또는 그 반대로 변하게 될 것이기 때문이다. 이것을 트레이더들은 핀위험(Pin risk)이라고 부르며, 이것은 옵션이 만기에 거의 다다랐을 때 기초자산 주가가 정확히 행사가격쯤에 위치하는 것이다.

8.4 매도하기에 가장 위험한 옵션

낮은 변동성 상황에서 내재변동성은 보통 실현변동성의 가격(프리미엄)에서 거래된다. 결과적으로 이것이 옵션 매도하는 것이 매력적으로 보인다는 것이다. 그러나 이것이 그렇게 매력적으로 보이는 좋은 이유가 있다. 옵션을 매도함으로써 받는 프리미엄은 이벤트 위험을 커버하기 위함이라는 것이다. 이것을 더 확실히 알기 위해서 다음의 예를 생각해 보자. 한 옵션 트레이더가 Ahold에 대한 6개월 만기 등가격 옵션을 매도할 것을 고려 중이다. Ahold는 그 자회사들 몇몇의 회계부정으로 인하여 어려움을 겪었던 네덜란드 소매회사이다. 주가가 크게 하락하여 주식의 변동성이 극도로 높아진 후에 변동성은 점점 하락했다. 6개월짜리 역사적 변동성이 현재 연단위로 32%(일단위로는 약 2%)라고 가정해 보자. 6개월짜리 역사적 변동성이 32%이지만, 어느 누구도 Ahold의 6개월 만기 옵션을 32%의 내재변동성에 매도하려고는 하지 않을 것이다. 그 이유는, Ahold의 다른 부정들이 밝혀질 가능성이 너무 높고, 그것이 가까운 미래에 주가의 큰 움직임을 만들 가능성이 굉장히 높기 때문이다. 이러한 이벤트 위험 때문에 주식이 32%보다 높은 실현변동성을 가질 확률이 너무나도 높다. 주식이 다가오는 6개월 동안 32%보다 작은 변동성을 실현하고 그 후에 또 다른 부정사건 하나가 발표되어 6개월 변동성의 10%를 끌어올려 정확히 32%의 실현변동성이 이루어지는 경우라도, 옵션 트레이더는 손실을 보게 될 것이다. 이것의 이유는 식 (7.16)의 결과와 같이 감마 헤지의 손실이 기초자산 주식의 움직임과 제곱으로 연결되어 있기 때문이다. 이것은 주가의 움직임이 2배 커질 때 손실은 4배 커진다는 의미이다. Ahold의 경우 하루 10%의 주가움직임은 평균적인 움직임이 2%이기에 25배 더 큰 손실을 가져오게 된다.

그러나 트레이더가 Ahold에는 더 이상의 부정이 없을 것이라고 확실히 믿을 수 있는 이유가 있다면 위의 현상은 트레이더에게 수익을 거둘 수 있는 좋은 기회를 제공할 수도 있다. 그가 옵션을 매도하고 더 이상의 사건이 없다면 그는 실현되지 않을 변동성에 대한 프리미엄을 지급받게 될 것이기 때문이다.

9 장

스큐(Skew)

옵션을 운용할 때, 스큐라는 현상에 익숙해야 한다. 처음에는 스큐를 이해하는 것이 힘들지만, 스큐는 명백히 설명이 가능한 현상이다. 여기에서는 스큐의 정의와 이유를 설명한다.

9.1 스큐란?

스큐는 4장에서 설명한 내재변동성과 연관이 있다. 옵션시장에 특정한 옵션의 가격이 주어지면, 그 옵션에 대한 내재변동성을 계산할 수 있다는 것을 4장에서 설명하였다. 옵션의 행사가가 낮을 수록, 높은 내재변동성을 가지는 것으로 나타났다. 바꾸어 말하면, 낮은 행사가를 가지는 옵션의 시장가격이 높은 행사가를 가지는 옵션의 가격보다 상대적으로 비싸다는 것이다. 낮은 행사가의 옵션이 높은 내재변동성을 가지는 현상을 스큐라고 한다. Royal Dutch/Shell을 기초자산으로 하는 3달 만기의 행사가 \$40와 행사가 \$32의 2개 옵션을 비교하면, 행사가 \$32의 옵션의 내재변동성이 더 높을 것이다. 이것은 두 개의 옵션 모두 3개월의 만기를 가졌고, 4장에서 언급했듯이, 내재변동성이 3개월 동안의 Royal Dutch/Shell의 실현변동성의 시장에서의 기대치라는 것을 고려하면, 실현변동성은 행사가와 아무런 상관이 없기 때문에 행사가가 낮을 수록 내재변동성이 높게 나타나는 것은 이상하게 보인다. 스큐가 생기는 원인은 9.2장에서 설명을 할 것이다.

9.2 스큐 현상의 원인

스큐가 발생하는 것은 두 가지 큰 이유가 있는데, 각각을 분리하기는 힘들다. 그리고, 이 중 하나만으로 스큐를 완전히 설명할 수는 없다. 우선, 주식시장이 존재한 동안에 주가가 하락하는 경우에 주가가 상승할 때 보다 더 큰 변동성을 가지는 것을 경험으로 알고 있다. 이것으로는 행사가가 낮은 옵션이 행사가가 높은 옵션에 비하여 높은 내재변동성을 가져야 한다는 것을 설명하지 못한다. 왜냐하면 두 개의 옵션이 같은 양의 실현변동성을 가지기 때문이다. 분명히, 주가가 하락하면서 변동성이 증가하는 것은 행사가가 큰 옵션보다 행사가가 작은 옵션에 더 큰 영향을 준다. 이유는 주가가 높은 행사가의 가격에서 낮은 행사가의 가격으로 하락하면 낮은 행사가의 옵션이 더 큰 감마의 값을 가지게 된다.(6.1장 참조) 그러면, 7장의 설명으로, 낮은 행사가의 옵션에 대한 델타헤지를 보다 자주 수행 해야 되고, 이것은 옵션 매도자의 손실로 이어진다. 자연스럽게, 낮은 행사가 옵션의 매도자는 이러한 현상을 보상받으려고 할 것이고, 이것이 투자자에게 높은 내재변동성을 요구하고, 상대적으로 높은 프리미엄을 받게 되는 것이다.

9.3 하락 장에서 변동성이 상승하는 이유

9.2장에서 언급하였듯이, 주가가 하락할 때 주가의 변동성이 증가하고 결국에 이것이 스큐를 유발한다. 이러한 이유는 주가가 하락할 때, 투자자의 미래에 대한 불확실성이 증가하고 투자자가 패닉(panic)에 빠지기 때문이다. 이러한 관점에서 변동성과 불확실성을 비교하는 것이 바람직하다. 불확실성이 많은 경우에 주가의 변동성은 증가하고, 반면에 주가에 대한 확실성이 증가하면 변동성은 감소한다. 조금 비과학적이고 분명하지 않은 이유로는 주가가 하락하여도 투자자가 상대치를 고려하지 않고 절대 변동을 고려한다는 점이며, 이로 인하여 상대치(퍼센트)로 계산했을때의 변동성이 증가하게 된다.[1]

[1]주가가 만원에서 오천원으로 50% 하락하였다면, 투자자는 주가가 50% 상승하여 7,500원이 되기를 기대하는 것이 아니라 100% 상승하여 만원을 회복하기를 기대하는 것과 비슷하게, 주가 하락시에 상대치로 계산한 수치들이 커지게 된다. (역자주)

10 장

여러 가지 옵션 전략들

투자자들 사이에 유행하는 옵션의 전략에는 단지 옵션을 매도, 매수를 하는 것 이상의 것들이 있다. 이 장에서는 다양한 옵션 전략을 소개할 것이다. 투자자들이 왜 이러한 전략을 사용하는 지를 손익분기(break-even)의 관점에서 논의할 예정이다.

10.1 콜스프레드(Call spread)

가장 많이 사용하는 전략은 콜스프레드이다. 콜스프레드는 낮은 행사가의 콜옵션과 높은 행사가의 콜옵션 두개로 구성된다. 투자자가 낮은 행사가의 콜을 매수하고 높은 행사가의 콜을 매도하면, 콜스프레드 매수 포지션이라고 한다. 콜스프레드 매도 포지션은 낮은 행사가의 콜을 매도하고 높은 행사가의 콜을 매수한 상태이다. 콜스프레드 매수 포지션은 상승장 전략(bullish strategy)이라고도 하는데, 이는 기초자산이 상승하면 투자자에

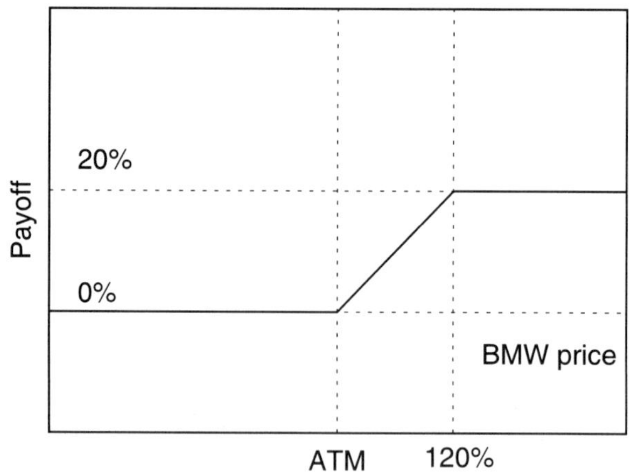

그림 10.1: BMW에 대한 100%/120% 콜 스프레드의 만기시 수익구조

게 수익이 나기 때문이다. 그러나, 높은 행사가의 콜을 매도하였기 때문에, 투자자의 수익은 한정된다. 예로서, BMW의 등가격 콜옵션을 매수하고, 120%의 콜옵션을 매도하는 투자자를 생각해 보자. 이 경우에 투자자는 BMW가 초기가격의 120%에 도달할 때까지는 주가의 상승에 따라서 수익이 난다. 20%가 넘는 추가상승은 투자자에게 수익이 나지 않으므로, 투자자의 수익은 한정되게 된다. 등가격 콜옵션을 매수하고, 120% 콜옵션을 매도한 두 개의 만기 수익 구조를 조합하면 그림 10.1의 만기 수익구조가 된다.

10.2 풋스프레드(Put spread)

풋스프레드는 콜스프레드의 반대이다. 콜스프레드 매수 포지션은 상승장 전략(bullish strategy)이고 풋스프레드 매수 포지션은 투자자의 하락장 전략(bearish strategy)이다. 풋스프레드 매수 포지션은 높은 행사가의 풋옵션을 매수하고 보다 낮은 행사가의 풋옵션을 매도하는 것이다. 높은 행사가의 풋옵션이 낮은 행사가의 풋옵션보다 비싸기 때문에, 투자자는 풋 스프레드 전략을 취하기 위해서, 프리미엄을 지급해야 한다. 투자자가 풋 스프레드를 매수할 때, 보다 낮은 행사가의 풋옵션을 매도함으로써 기초자산에 대한 본인의 주가 하락의 전망을 부분적으로 현금화할 수 있다. 그러나, 본인의 전망을 부분적으로 현금화함으로써, 본인 전략의 수익 또한 한정하게 된다. 왜냐하면, 주가가 낮은 행사가까지 하락하는 동안에만 수익이 나기 때문이다.

예로서, Volkswagen(VW)의 등가격 풋옵션을 매수하고, VW의 80%의 풋옵션을 매도한 투자자를 생각해 보면, VW의 주가가 투자 당시의 가격의 80%에 도달할 때까지는 주가의 하락으로 수익이 발생한다. 주가가 초기 가격의 80%이하로 하락하여도 더 이상의 추가 수익은 없다. ATM 풋옵션과 80% 풋옵션의 만기 수익 구조를 합성하면, 그림 10.2의 그래프가 된다. 그림 10.2의 수익구조는 초기에 풋스프레드를 구성하는데 필요한 비용을 고려하지 않았기 때문에, 투자자의 손익은 아니다. 만약에 이러한 전략을 구성하는데, 초기 주가의 2%의 비용이 필요하다면, 주가가 초기 금액 대비 98% 이하로 하락하였을 때, 수

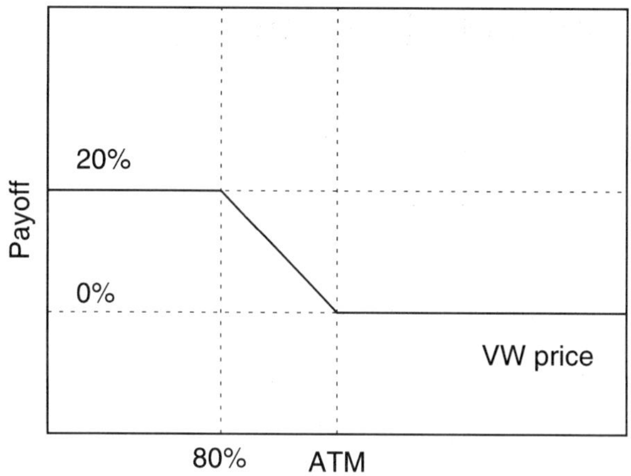

그림 10.2: VW에 대한 100%/80% 풋스프레드의 만기시 수익구조

익이 난다. 그러나, 투자자가 등가격의 풋옵션만을 매수하였다면, 투자자는 보다 많은 비용을 지불하게 된다. 예로서 5%의 비용이 필요하다면, 95%이하로 주가가 하락하여야 투자자에게 수익이 나게 된다. 분명한 것은 등가격의 풋옵션만을 매수한 경우에는 수익의 한계가 풋스프레드의 수익 한계인 18%가 아니다. 이론적으로 주가가 0으로 가면, 풋옵션의 수익은 95%가 된다.

10.3 칼라(Collar)

콜스프레드 또는 풋스프레드는 수익 잠재력(upside potential)에 한계가 있다. 이에 반해 기초자산에 대한 예측에 기어링(gearing)을 만드는데 칼라 또는 리스크 리버설(risk reversal)이 사용된다.

칼라는 높은 행사가의 콜과 낮은 행사가의 풋으로 구성이 된다. 만약에 투자자가 주가에 대하여 강세장의 전망을 하고 하락 폭이 한정될 것이라는 전망을 가지고 있다면, 하락방향의 풋옵션을 매도하여 현금화하여 상승방향의 콜옵션을 매수하는 것이 좋다. 투자자는 주가가 상승할 때 그 상승이익을 제한하지 않았지만, 반대로 풋옵션을 매도함으로써 주가가 하락함에 따라서 손실에 노출되어 있다. 매도한 풋옵션의 행사가 이하로 주가가 하락하는 경우에는 본인의 투자금액보다 많은 손실을 입기 때문에, 투자자가 자신의 전망을 기어링(gearing)하였다고 표현한다. 만약에, 투자자가 약세장으로 전망을 한다면 풋 매수 포지션과 현금화하는 콜 매도 포지션을 구성한다. 그러나, 주가가 상승하는 것에 위험이 노출된다. 칼라 포지션을 구성할 때 투자자가 프리미엄을 지급할지 또는 받을 지는 선도가격과 스큐에 의존한다. 그러므로, 칼라 포지션에는 매수 또는 매도라는 표현 자체가 모호하다.

BMW 주가가 강세일거라고 생각하는 투자자를 고려해보면, 그는 110% 콜을 매수하기를 원할 것이다. 그는 또한 오는 1년동안에 주가가 10% 이상으로 하락하지 않을 거라 생각한다. 그러면, 같은 만기의 90% 풋을 매도하여 110% 콜을 매수할 현금을 마련할 것이다. 110% 콜 매수와 90% 풋 매도를 조합하면 그림 10.3의 만기 수익 구조를 갖는다. 다시 한번, 그림 10.3은 투자자의 손익을 나타내는 것이 아님을 주의하자. 손익은 초기에 90%/110% 칼라의 프리미엄에 달려있다. BMW의 배당 수익률이 무위험 이자율보다 높다면 투자자는 초기에 이 전략을 구성

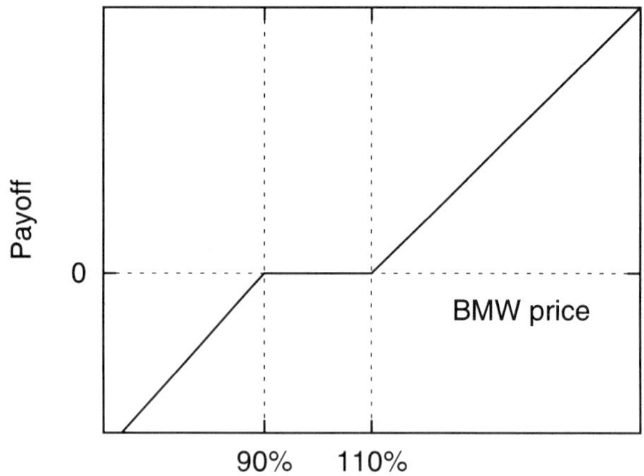

그림 10.3: BMW에 대한 90%/110% 칼라의 만기시 수익구조

할 때 수익이 난다. 이것은 배당율이 무위험 이자율보다 높다면 1년 선도가격이 초기 주가보다 작게 되고, 이로 인해 1년 만기의 90% 풋의 가격이 110% 콜의 가격보다 높다. 더욱이, 스큐의 영향을 고려하면 행사가가 낮은 90% 풋의 가격은 보다 높아지고, 행사가가 높은 110% 콜 가격은 보다 낮아 진다.

칼라의 다른 특징은 델타의 값이 상대적으로 높다는 것이다. 이는 풋옵션 매수를 헤지하기 위해서 주식을 매수하여야 하고, 또 콜옵션 매도를 헤지하기 위해서 주식을 더 매수하여야 한다. 이같이 델타가 크기때문에 칼라에서는 예상배당에 대한 전망이 중요하다. 트레이더가 BMW가 배당을 늘릴거라고 예상을 하면 그는 풋옵션 매수, 콜옵션 매도하는 포트폴리오를 구성할 것이다. 왜냐하면, BMW가 배당을 늘리면, 선도가격이 현재가 보다

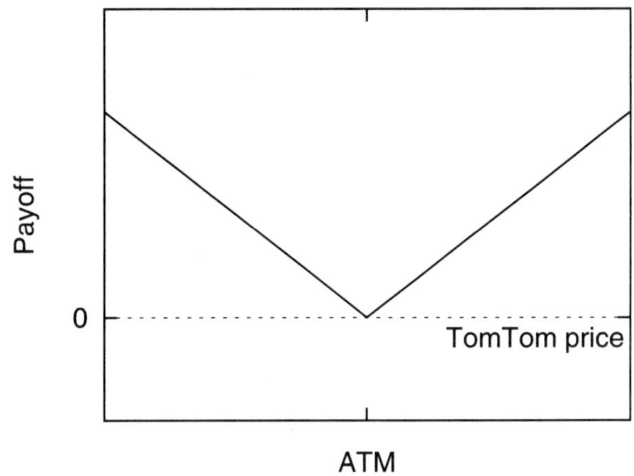

그림 10.4: TomTom에 대한 ATM 스트래들 매수 포지션의 만기시 수익구조

하락하고 따라서, 풋의 가격은 상승하고 콜의 가격은 하락하기 때문이다.

10.4 스트래들(Straddle)

기초자산이 현재가에 비하여 많이 움직일거라 예상하지만, 상승과 하락에 대한 방향성을 모르는 투자자들이 가장 많이 사용하는 전략이 스트래들이다. 스트래들은 같은 만기, 같은 행사가의 콜옵션과 풋옵션으로 구성된다. 스트래들 매수 포지션은 콜옵션과 풋옵션 모두 매수 포지션을 의미하고, 이 전략에서 수익이 나기 위해서는 기초자산이 현재 가격에서 많이 움직여야 한다. 같은 이유에서, 1년 만기 스트래들 매도 포지션은 오는 1년 동안

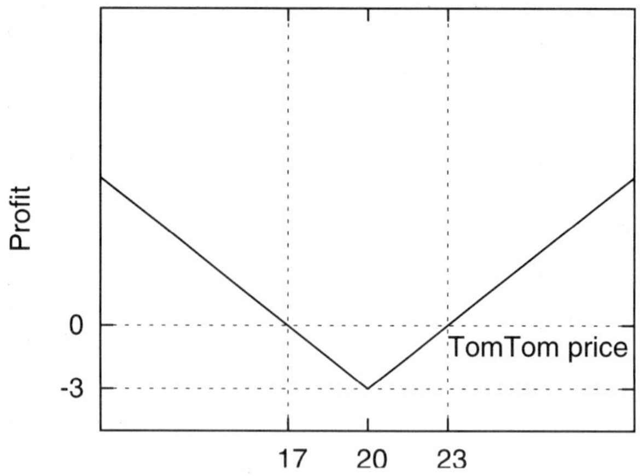

그림 10.5: TomTom에 대한 ATM 스트래들 매수 포지션의 만기시 손익

기초자산이 조금 움직일 거라고 생각하는 투자자에게 좋은 전략이다. 투자자는 스트래들의 프리미엄을 받기 때문에, 주가가 현 시점에서 많이 움직이지 않는다면 발행자는 만기에 지급해야 하는 금액이 적을 것이다. 즉, 풋옵션이나 콜옵션 중에서 하나는 만기에 행사되지 않을 것이고, 다른 하나의 가치는 매우 작을 것이다.

예로서, TomTom이라는 네비게이션을 만드는 회사가 주가에 실질적인 영향을 주는 발표를 할 것이라고 알고 있는 투자자를 생각해보자. 이 투자자는 이것이 주가에 순 영향을 미칠지, 악영향을 미칠지는 잘 모르는 상태이다. 이런 이유로, 투자자는 TomTom을 기초자산으로 하는 6개월 만기의 등가격 스트래들을 매수하기로 결정한다. 등가격 콜옵션 매수, 등가격 풋옵션 매수의 만기 수익 구조를 조합하면 그림 10.4가 된다. TomTom을 기초자산으로 하는 스트래들 매수 포지션의 만기 수익 구조와 이러한 포지션으로 발생하는 수익을 비교하기 위해서, TomTom의 등가격 스트래들에 $3를 지급하였고 주가가 현재 $20이라고 가정해보자. TomTom의 등가격 스트래들의 손익은 그림 10.5와 같이 된다.

10.5 스트랭글(Strangle)

스트랭글은, 구성하는 콜옵션과 풋옵션의 행사가가 같지 않다는 것을 제외하면 스트래들과 매우 비슷하다. 스트랭글의 경우에는 높은 행사가의 콜옵션과 낮은 행사가의 풋옵션으로 구성된다.[1] 그러므로, 스트래들과 비슷하게, 스트랭글은 현재 주가에 비하여 기초자산이 많이 움직일 거라고 기대하는 투자자가 사용한다. 그러나, 주가가 현재 대비 10%이상 변동할거라고 생각하고 주가가 현재 대비 전혀 움직이지 않는 경우의 손실을 최소화하고 싶은 투자자는 등가격 스트래들에 비하여 90%/110%의 스트랭글을 선호한다. 본인의 전망을 실현하기 위해서 스트랭글을 사용하는 것이 스트래들을 이용하는 것보다 초기 비용이 적게 든다. 주가가 현재 상태보다 10%이상 움직인다면, 등가격 스트래들과 비슷한 이익이 난다. 그러나, 스트래들에 비하여 적은 프리미엄을 지급하였기 때문에 스트랭글의 전략이 리스크가 적다.

예로서, TomTom의 주가가 향후 6달 후에 현재의 $20에서

[1] 스트랭글 매수를 양매수, 스트랭글 매도를 양매도라고도 한다. (역자주)

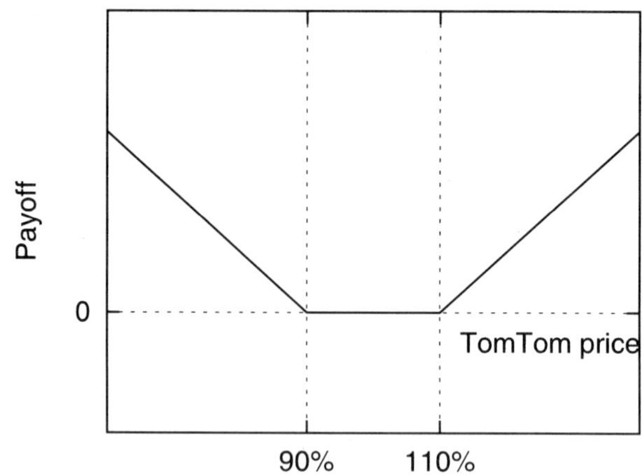

그림 10.6: TomTom에 대한 90%/110% 스트랭글 매수 포지션의 만기시 수익구조

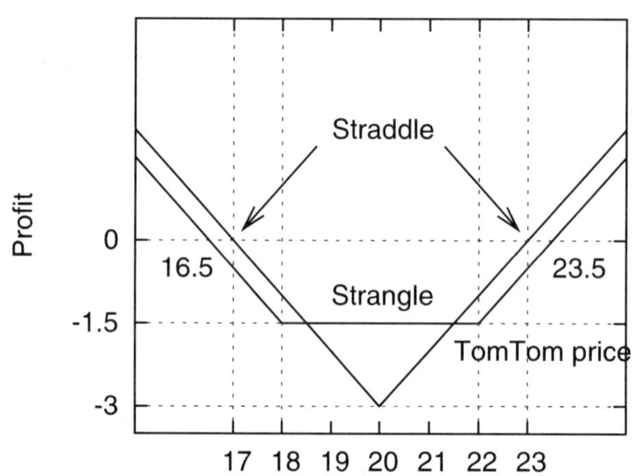

그림 10.7: TomTom에 대한 90%/110% 스트랭글 매수 포지션과 등가격 스트래들의 만기시 손익

적어도 20%가 움직이거나 또는 전혀 움직임이 없을 거라고 생각하는 투자자를 고려해보자. 초기에 투자비용도 크고, 주가의 움직임이 큰 경우에 만기에 손익도 큰 스트래들을 매수하는 대신에 초기에 투자비용이 작고, 주가의 움직임이 큰 경우에 만기에 손익도 비슷하게 큰, 만기 6개월의 90%/110% 스트랭글에 투자하기로 결정했다. 이 전략의 만기 수익구조는 그림 10.6과 같다. 6개월 등가격 스트래들 전략에 비하여 스트랭글 전략이 리스크가 적은 것을 보기 위해서, 스트랭글을 위하여 투자자가 $1.50을 투자하였다고 가정하자. 10.4장의 예에서, 등가격 스트래들에는 $3을 투자하여야 했다. 만약에 TomTom의 주가가 20% 하락한다면, TomTom의 주가는 $16이 된다. 그러면, 스트랭글의 경우에는 $0.50의 수익이 난다. (90% 풋옵션의 행사가가 $18이므로, 여기에서 수익이 $2이다.) 스트래들과 스트랭글 손익의 차이를 그림 10.7에 보였다. 그림 10.7에서 스트랭글이 스트래들에 비하여 리스크가 적은 전략이지만, 예상수익 또한 적다. 그러나, 주가가 많이 움직이는 경우에 스트래들과 스트랭글의 수익률의 차이는 매우 작다.

11 장

다양한 옵션 전략과 투자자의 선택

자기자본(proprietary)으로 옵션을 운용하는 트레이더를 제외하면 옵션 투자자는 크게 펀드 매니저와 일반 기업, 두가지로 나누어 진다. 일반적으로 펀드 매니저는 좋은 수익률을 거두기 위한 투자 전략을 구사하고, 반면에 일반 기업은 리스크에 노출된 부분을 헤지하기 위하여 옵션에 투자한다. 여기에서는 앞에서 언급한 투자자들이 사용하는 전형적인 전략과 그리고 그들이 얻고자 하는 것들에 관하여 논의하고자 한다.

11.1 펀드 매니저의 입장

펀드 매니저와 옵션 트레이더의 차이는 펀드 매니저는 기초자산에 대한 전망을 갖고, 이러한 전망에 기어링(gearing)을 하기 위하여 옵션을 매수 또는 매도를 하는 것에 반하여, 옵션 트레이더는 기초자산의 변동성에만 전망을 두고 매매를 한다는 것에 있다. 그러나, 만기가 긴 옵션을 운용할 때는 운용자가 기초자산의 방향성에 전망을 가지는 것이 중요하다는 것을 8.2장에 설명하였다.

연금펀드에서 향후 2년 동안 Daimler Chrysler(DCX)의 주가가 상승할 가능성이 있다고 전망을 하고 있고, 현재의 DCX는 $40에 거래된다고 하자. 연금펀드에서는 2년 후에 DCX가 $50에 거래될 거라고 기대한다고 가정하자. 연금펀드는 단순하게 주식을 매수하는 대신에 투자수익률(ROI; return-on-investment ratio)를 향상시키기 위하여 DCX의 행사가 $40 콜옵션을 $5의 가격에 매수할 수 있다. 그 이유는 만약에 연금펀드가 0.1만주의 주식을 매수 하였다면, $4만의 비용을 지불하고 기대 수익은 $1만인데 반하여 행사가 $40의 콜옵션을 $5에 0.1만주 매수하면 같은 기대 수익 $1만이지만 비용은 단지 $0.5만이다. 주식을 매수하는 경우에는 투자금액 대비 수익이 2년 동안에 25% (=$1만/$4만)이고 옵션을 매수하는 경우에는 200% (=$1만/$0.5만)이다.

11.2 옵션과 상호소유 기업

대부분의 기업들이 주식을 상호소유(cross-holdings)하고 있다. 즉, 다른 회사의 주식을 가지고 있다. 왜냐하면 각각의 회사는 자신들의 리스크를 분산시키고, 동시에 이러한 투자에서 좋은 수익을 바라고 있기 때문이다. 큰 회사가 다른 회사의 주식을 어느 수준에서 처분해야 하는 지를 이미 알고 있는 상황에서 일정 수량 매수하는 경우는 흔히 일어나는 일이다. 실제의 예로서, DCX는 아시아가 향후 5년간 자동차 산업에서 가장 크게 성장하는 지역이 될 것이라 생각했다. DCX는 상위층의 고객에게 차를 파는 반면에, 아시아의 평균임금이 미국이나 유럽에 비하여 작기 때문에 DCX는 아시아 시장의 성장으로 수익을 내기는 힘들 것이다. 그러나, 다른 자동차 회사는 아시아 시장의 성장으로 이익을 볼 것이고, 이것은 DCX의 시장 점유율에 나쁜 영향을 줄 것이다. 그리고, 다른 자동차회사는 DCX보다 좋은 재무상태를 유지할 것이니, 이는 고급 승용차 시장에서의 DCX의 시장 점유율에 또한 나쁜 영향을 줄 것이다. 그러므로, DCX는 아시아로 진출을 하여야 한다. DCX 차의 가격은 아시아의 중산층에게는 너무 고가이기 때문에, DCX는 다른 자동차회사의 주식에 투자해야 한다. 그래서 DCX는 실제로 미쯔비시 자동차의 주식을 매수하였다. DCX가 이 투자로 5년 동안 50%의 수익을 기대한다면 미쯔비시를 기초자산으로 하는 5년 만기의 150% 콜옵션을 매도하는 것이 하나의 전략이 될 수 있다.[1] 이것은 매우 매력적인 전략이다. 만약에 미쯔비시의 주가가 50%까지 상승하지 않는다면 DCX는 콜옵션 매도 프리미엄의 수익을 가진 게 된다. 만약에 미쯔비시의 주가가 50% 이상 상승하게 되면, 매도한

[1]실제에서는 이러한 전략은 미쯔비시 주식의 일부분에 해당하는 것만 실행이 될 것이다. 위와 같은 큰 분량을 소화하기에는 주식 파생 시장이 너무 작기 때문이다.

콜옵션이 행사되기 때문에 DCX는 단지 50%의 수익을 갖게 된다. 그러나, DCX는 50%의 수익만을 추구하였기 때문에, 이것은 DCX에게 별 문제가 되지 않는다. 그리고, 이 전략은 미쯔비시 주가가 원하는 50%까지 상승하지 않는 경우에도 DCX에게 잉여수익을 준다.

11.3 기업 인수시의 옵션

옵션은 기업 인수의 상황에서도 매우 유용하다. 인수 대금의 일부가 피인수 기업의 주주에게 인수하는 기업의 주식으로 결제가 되기 때문이다. 특히, 피인수 기업의 주주의 규모가 큰 경우에는, 결제된 인수 기업의 주식을 특정 기간 동안 처분할 수 없게 된다. 즉, 주주가 자신의 주식을 현금화하려고 하여도, 일정 기간 동안에는 이것이 불가능하다. 그래서, 주주는 자신이 현금화할 수 없는 주식을 소유하게 되는 상황에 놓여 있고, 그러므로 이 기간 동안에 주가 변동의 리스크에 완전히 노출되게 된다. 이 주주가 본인이 받은 주식을 현금화하는 것에만 초점을 두고 있기 때문에, 그는 본인이 크게 관심을 두지 않는 상승 이익을 포기하면서 콜옵션을 매도하고 이를 통해서 얻어진 현금으로 풋옵션을 매수하여 자신의 노출된 위험을 헤지할 수 있다. 윗방향 콜을 매도하고 아래방향 풋을 매수하면 초기에 비용이 필요하지 않기 때문에, 이 전략을 무비용 칼라(zero cost collar)라고 부른다. 이것은 분명히 투자자에게 매력적인 전략이다. 예로서, 대주주가 있는 러시아 석유 회사를 BP가 인수 한다고 가정하자.

£2.5억을 BP주식으로 결제를 하는 것으로 합의가 되었다. 이 주식이 시장에 전량 매도가 된다면, BP의 주가에 치명적인 영향을 주기 때문에 투자자는 6개월 이후부터 BP 주식을 매도할 수 있다. 그래서 러시아 주주는 자신의 BP 주식 포지션을 헤지하기 위해서 0.5억주의 BP 주식(BP의 주가는 £5임)에 대한 6개월 만기의 무비용 칼라(zero cost collar)의 거래를 은행과 한다. 이러한 칼라가 무비용이기 위해서는 풋의 행사가는 90%이고 콜의 행사가는 107%이어야 한다. 이 경우에 러시아 주주는 BP 주가의 10%이상의 하락에 대하여 자신을 보호하였고, 7%이상의 상승을 포기한 것이다.

위의 예와 같이, 무비용 칼라(zero cost collar)의 손익분기점은 스큐의 영향으로 매력적으로 보이지는 않는다. 스큐의 영향으로 상 방향 콜보다 하 방향 풋의 가격이 높고, 투자가가 그 차이를 지불해야 한다. 그러나, 배당이 낮은 경우에는 무비용 칼라(zero cost collar)가 매력적인데, 이는 선도가격이 상대적으로 높아서 풋옵션의 가격을 낮추고 콜옵션의 가격을 높히기 때문이다.

11.4 보험사를 위한 리스크 리버설(risk reversals)

보험회사는 11.3장에서 설명한, 풋옵션을 매수하고 콜옵션을 매도하는, 소위 말하는 칼라 또는 리스크 리버설(risk reversal)의 전략을 구현하는 경향이 있다. 이유는 보험회사는 주식시장에

위험이 심하게 노출되어 있고, 동시에 주식 시장이 10%이상 하락하는 등의 상황에서의 손실한도도 가지고 있다. 보험회사가 이런 한도를 소진해 갈 때는 지수에 대한 상방향 콜옵션을 매도하여 현금화한 후에 지수에 대한 하방향 풋옵션을 매수하는 경향이 있다. 이러한 전략을 칼라 또는 리스크 리버설(risk reversal)이라고 부른다. 예를 들면, 프랑스 보험 회사 AXA가 미국 주식 시장에 노출된 한도가 소진 될 때 사용하는 전략은 FTSE[2]에 대한 90% 풋옵션을 매수하고, 풋옵션의 매수 비용을 조달하기 위하여 FTSE에 대한 107%의 콜옵션을 매도하는 것이다.

11.5 선급 선도계약

미국에서 타사의 주식을 소유하고 있는 고액 자산가들과 중소기업들 사이에 가장 유행하는 전략은 선급 선도계약이다. 기본 원리는 매우 단순하며 대출, 풋옵션, 콜옵션으로만 구성이 된다. 예제를 통해서 쉽게 설명을 하겠다.

자체 탄산음료 상표를 만들어서 미국에서 영업을 하고자 하는 기업형 농부를 생각해 보자. 새로운 탄산음료가 미국에서 유행을 하기 시작하자, 코카콜라에서 위협을 느껴서 기업형 농부에게 1억 달러를 제공하기로 하였다. 그러나, 코카콜라의 주식으로 결제가 이루어지며, 향후 1년 동안에 주식을 매도하는 것은 허용되지 않는다. 코카콜라에서는 그 농부가 향후 1년 동안

[2]FTSE는 영국주식의 가중 평균 인덱스이다.

에 그의 탄산음료에 대한 관리와 마케팅을 맡아 주기를 원하기 때문이다. 그 농부는 뛰어난 기업가여서, 그는 벌써 다른 사업을 구상하고 있다. 그러나, 새로운 사업을 하기 위해서는 투자자금으로 0.85억 달러가 필요하다. 그가 가지고 있는 1억 달러 가치의 코카콜라 주식은 매도할 수 없기 때문에 코카콜라 주식을 보호하고, 0.85억 달러를 미리 받고 싶다. 자신이 가지고 있는 코카콜라의 주식을 보호하기 위하여 풋옵션 매수와 콜옵션 매도를 할 수 있다. 행사가가 같은 옵션(예: 등가격)을 사용할 수 있고, 칼라와 같이 낮은 행사가의 풋옵션을 매수하고 높은 행사가의 콜옵션을 매도 할 수 있다. 주식을 소유하고 있기 때문에, 주식을 담보로 하여 낮은 금리로 대출을 받을 수 있다. 예를 들자면, 그는 리보[3] + 2%의 금리 대신에 리보 + 15bp[4]의 금리로 대출을 받을 수 있다. 투자자가 대출, 풋옵션, 콜옵션의 포지션을 동시에 취한다면, 이것을 선급 선도계약(pre-paid forward)라고 부른다. 다음과 같은 질문이 자연 스럽게 나오게 된다. 은행은 낮은 금리의 대출을 얼마만큼 해야 하나? 정답은 만기 시의 주가와 투자자가 파산했을 때 은행이 대출을 회수할 수 있는가에 달렸다. 투자자가 비용을 들이지 않고 90% 풋옵션 매수와 112% 콜옵션을 매도 했다고 하자. 투자자에게 0.85억 달러의 현금을 지급하는 대신에 리보 + 15bp의 금리로 0.9억 달러를 할인한 금액을 대출 하면, 만기에 0.9억 달러를 투자자로부터

[3]리보(Libor)는 London interbank offered rate를 의미하고, 은행들이 서로에게 현금을 빌려 줄 때 사용하는 금리이다.

[4]basis point. 1bp는 1%의 1/100이다.

돌려 받으면, 현금 흐름 상으로는 완전히 일치한다. 보다 중요한 것은 은행이 0.9억 달러의 할인가로 대출을 하는 것은 투자자의 파산에 대하여 0.9억 달러가 보호가 되느냐이다. 이것을 확인 하기 위해서, 만기인 1년 후에 투자자인 농부는 파산을 했고, 코카콜라의 주식은 20% 하락하여 초기 주가의 80%가 되었다고 하자. 언듯 살펴보면, 담보로 가지고 있는 주식의 가치가 0.8억 달러로 하락하여 0.1억달러의 손실이 은행에 발생하여, 은행 쪽에 나쁜 상황인 것 같이 보인다. 그러나, 90% 풋옵션의 계약으로 농부에게 지급해야 하는 0.1억 달러를 지급의무가 없어짐에 따라서 은행의 손실 0.1억 달러를 보상해 준다. 그래서, 농부는 대출에 대해서 지급불능이지만, 은행은 여전히 풋옵션 때문에 주가가 하락함에 따라서 대출을 보존할 수익을 낼 수 있다. 만약에 주가가 풋옵션의 행사가 이하로 하락하지 않는 경우에는 담보로 사용되는 주식이 대출을 보존해 준다. 이러한 이유로 은행은 풋옵션의 행사가에 해당하는 담보물의 비율이상으로 대출을 하지 않는다. 이것은 풋옵션의 퍼센티지 행사가의 현재가치 담보물인 주식의 가치를 곱한 금액만큼을 은행에서 걱정없이 대출해 준다는 의미이다. USD 리보금리가 2.5%라고 하면, 농부는 사전적으로 $(90\% \times 9,000)/1.025$인 7,902.4만 달러[5]를 대출 받을 수 있다.

선급 선도계약과 같은 구조화 상품에서는 높은 신용도를 가진 은행이 보다 낮은 신용도를 가진 은행에 비해 분명한 이점을 갖는다. 이는 높은 신용도를 가진 은행이 리보금리로 돈

[5] 원서의 계산이 잘못 되었다. (역자주)

을 빌린다면 낮은 신용도를 가진 은행은 보다 높은 금리인 리보+15bp의 금리로 돈을 빌려야 하기 때문이다. 특히, 구조화 상품의 만기가 길수록, 높은 신용도를 가진 은행이 보다 매력적인 선불 지급이 가능하다. 일반적으로 투자은행(investment bank)이 상업은행(retail bank)에 비하여 신용등급이 낮으므로, 투자은행이 비록 구조화 상품에 보다 공격적이어도 선급 선도계약에서는 상업은행이 투자은행에 비하여 강점을 가진다.

11.6 근로자 상여 체계

근로자의 상여 체계는 최근 들어 더욱 더 일반화 되고 있다. 이러한 체계의 근본적인 생각은 주가 상승의 이익이 근로자에게 돌아가도록 하여 근로자를 고무하는 것이다. 근로자에게 임금의 일부로 자사주를 지급하거나 또는 자사주의 콜옵션을 보너스로 지급하는 방법이 있다. 이렇게 상여 체계는 특히 고위 간부급에서 주로 이용된다.

11.7 주식 되사기

큰 회사의 경우 보통 자기 회사의 주식을 소유하고 있는데, 이것은 대차대조표에 자사주(treasury stock)로 기록된다. 일정 범위까지는 자사주를 매입해야 하는 의무가 있다. 회사가 자사주를 되살 계획이 있다면, 일반적으로 매수하기 편한 가격을 행사가로 하는 풋옵션을 발행한다. 회사는 풋옵션에 대한 초기 프리미엄을 받는 것을 의미한다. 만기 시점에, 주가가 행사가 이하로 하락하면 발행한 풋옵션의 행사가로 회사가 주식을 매입한다. 주가가 행사가 이상으로 상승하는 경우에는 풋옵션은 행사되지 않고 초기의 프리미엄은 수익으로 유지된다. 분명히 이것은 회사쪽에 매력적인 전략이고, 옵션 트레이더들이 손익분기(break-evens)가 아니라 내재 변동성으로 옵션을 바라보는 것을 이용하는 것이다. 트레이더들은 이 전략의 프리미엄을 기꺼이 지불할 것이다. 일반적으로, 옵션을 보유한 은행은 시장에 풋옵션을 매도하려고 하기 때문에 이 전략은 특정 주식에 대한 내재변동성을 줄이는 효과가 있다.

12 장

두가지 이색 옵션

투자은행들 사이에서 빈번히 거래되고 점점 중요해지는 다른 종류의 옵션으로 이색 옵션이 있다. 이색 옵션이라는 명칭이 붙은 이유는 주가, 행사가, 금리, 배당 그리고 변동성이라는 일반적인 변수들뿐만 아니라, 환율(FX)의 변동성, 주가와 특정 환율의 상관계수와 같은 여러가지 변수들에 의해 옵션의 가격이 결정되기 때문이다. 바꾸어서 말하면, 투자은행이 이색옵션을 포함한 거래를 체결하면, 투자은행과 그 거래 상대방은 단순한 옵션의 거래에 비하여 보다 많은 변수들의 위험에 노출된다.

여기에서는 퀀토옵션(quanto option)과 합성옵션(composite option)에 대하여 논의할 것이다.

12.1 퀀토 옵션

퀀토옵션은 해외주식에 대한 옵션 투자를 원하고, (환율에 관계없이) 그 수익률을 자국 통화로 지급받기를 원하는 투자자를 위하여 설계되었다. 퀀토옵션의 기본 원리는 환율을 옵션 거래가 일어나는 날에 미리 정해진 환율로 고정을 하고, 옵션의 만기일에 일반 옵션의 수익에 미리 정한 고정된 환율을 곱하여 수익을 지급하는 것이다.

BP(British Petroleum)가 강세일거라고 생각하는 미국의 투자자를 생각해보자. 이러한 이유로 미국 투자자는 1년 만기의 BP의 등가격 콜옵션을 매수하고 싶어한다. 그러나, 미국 투자자는 영국의 파운드가 아니라 미국의 달러로 수익을 받고 싶어한다. BP의 주가가 £5라 하고, 환율이 파운드 당 2달러라고 하고, 1년 후에 주가가 £5.5가 되었다고 하자. 퀀토 등가격 콜옵션을 소유한 미국의 투자자는 환율이 어떻게 변화는 지에 상관없이 만기에 1달러를 수익을 얻는다. 바꾸어 말하면 BP의 주가가 10% 상승하였기 때문에 투자자는 본인이 매수한 콜옵션의 USD 명목금액[1]의 10%의 USD 수익을 얻게 된다.

퀀토옵션의 가격을 결정하기 위해서는, 두 개의 새로운 변수를 도입하여야 한다. 첫 번째 변수는 BP의 주가와 환율 FX의 상관계수이다. 이러한 상관계수가 어떻게 퀀토 콜옵션에 영향을 주는지를 잘 이해하기 위해서는 등가격 USD 퀀토 콜옵션의 매수자인 미국 투자자가 상관계수의 매수 상태인지, 아니면 매도 상태인지를 따져볼 필요가 있다. 여기에서 상관계수의 매도는 상관계수가 줄어들면, 퀀토옵션의 가격이 올라가서 투자자가 수익이 나는 것을 의미한다. 상관계수의 매수는 반대가 성립하

[1]명목금액은 현재 주가 곱하기 옵션의 갯수로 정의된다.

는 상황을 말한다. 이 문제에 대한 해답을 얻기 위하여 상관계수가 양수라고 가정해보자. 상관계수가 양수라는 것은 USD에 비하여 GBP가 평가절상 되면, BP의 주가도 상승한다는 것을 의미한다. 이런 경우에 투자자는 상관계수 매도 포지션이라는 것을 알 수 있다. 왜냐하면, GBP가 상승하면 상관관계 때문에 주가도 같이 상승을 하게 되고 이 경우 일반 콜옵션의 가치 상승이 고정환율을 사용하는 퀀토 옵션의 가치 상승보다 크게 된다. 비슷한 방법으로 분석을 하면, GBP가 하락하면 상관관계 측면에서 주가도 같이 하락하게 되어 일반 등가격 콜옵션의 손실이 퀀토 콜옵션의 손실보다 적게 된다. 다르게 표현하면, 상관계수가 1에서 −1로 하락하면 퀀토 콜옵션의 매수자는 이익이다. 상관계수가 1일 때는 일반 콜옵션을 보유하는 것이 유리하고 상관계수가 −1일 때는 퀀토 콜옵션을 보유하는 것이 유리하다. 위의 예에서 USD 퀀토 콜옵션의 매수자는 상관계수를 매도한 포지션임을 알 수 있다. 반대로, 이러한 해석을 퀀토 풋옵션으로 확대하면 퀀토 풋옵션의 매수자는 상관계수를 매수한 포지션임을 알 수 있다.

두번째 변수는 FX의 변동성이다. 미국 투자자가 FX 변동성의 매수 상태인지 매도 상태인지는 분명하지 않다. 여기에서 짧은 시간 동안 USD로 주가의 변화를 표현하는 모델을 도입하는 것이 좋겠다. 이 모델은 어떤 상태에서 퀀토옵션이 FX변동성의 매수 상태인지 매도 상태인지를 보여주고, 더 나아가서 퀀토 콜옵션 매수는 상관계수 매도 상태이고 퀀토 풋옵션 매수는 상관계수 매수 상태이라는 것을 보여준다.

배당이 없는 주식의 주가를 모델링할 때 가장 많이 사용하는 모형은 블랙-숄즈 모형이다. 이것은 매우 짧은 시간 간격에서 주가의 변화를 표현하는 것이다. 공식은 아래와 같다.[2]

$$\frac{dS_t}{S_t} = rdt + \sigma_S dW_t \tag{12.1}$$

여기에서 사용한 변수들은 다음과 같다.

S_t = t 시점에서 주가

r = 무위험 이자율

dS_t = dt 시간 간격 동안 주가의 변화

dt = 매우 작은 시간 간격

σ_S = 주가의 변동성

W_t = 브라운 운동. 이것은 평균은 0이고 분산은 시간 간격 dt인 정규분포를 가지는 확률과정. 수학적으로 표현하면 시간 간격 dt가 $N(0, dt)$의 분포를 갖는다.

dW_t = $N(0, dt)$의 분포를 갖는 확률과정

퀀토 옵션을 이해하기 위해서는 방정식 (12.1)과 비슷한 모델이 필요하다. 그러나, 두개의 변수가 추가 되어야 한다. 이 변수들은 주가의 로그 수익률과 FX의 로그 수익률의 상관계수 ρ와 FX의 변동성 σ_{FX}이다. 그리고, 이 방정식은 주가가 가지고 있는 고유의 화폐단위를 사용하는 가격이 아니라, 옵션의 화폐단

[2] 주가가 방정식 (12.1)을 만족한다는 것을 가정하면, 콜옵션의 가격은 공식 (2.1), 풋옵션의 가격은 공식 (2.2)로 주어지는 것을 증명할 수 있다.

위를 사용하는 새로운 주가 F_t를 정의한다. F_t에 대한 일반적인 옵션이 S_t에 대하여 퀀토 옵션이 되도록 새로운 변수 F_t를 정의한다.

$$\frac{dF_t}{F_t} = (r_{\text{local}} - \rho\sigma_S\sigma_{FX})dt + \sigma_S dW_t \tag{12.2}$$

여기에서 아래의 변수들이 추가되었다.

ρ = 주가의 로그수익율과 FX의 로그수익률 사이의 상관계수. FX는 1GBP 당 USD의 숫자로 나타낸다. 양의 상관관계가 의미하는 것은 GBP의 가치가 상승하면 주가 또한 상승한다.

r_{local} = 원래 주가의 화폐에서 무위험 이자율. 기초자산이 BP인 경우에는 GBP의 무위험 이자율이 r_{local}이다.

이 방정식에서부터 퀀토 콜옵션을 매수하면 상관계수가 감소함에 따라서 이익을 보게 되고, 퀀토 풋옵션을 매수하면 상관관계가 증가함에 따라서 이익을 보게되는 것을 알 수 있다. 상관계수의 부호에 따라서 퀀토 옵션의 매수자가 FX 변동성의 매수 포지션인지 매도 포지션인지 분명하게 알 수 있다. 만약에 상관계수가 음수이면, 퀀토 콜옵션 매수자는 FX 변동성 매수 포지션이고 퀀토 풋옵션 매수자는 FX 변동성 매도 포지션이다. 만약에 상관계수가 양수이면, 퀀토 콜옵션 매수자는 FX 변동성 매도 포지션이고 퀀토 풋옵션 매수자는 FX 변동성 매수 포지션이다. 배당율이 d인 USD로의 주가의 변화를 표현하는 모델은 아래와 같다.

$$\frac{dF_t}{F_t} = (r_{\$} - d)dt + \sigma_S dW_t \tag{12.3}$$

이 방정식에서부터, 퀀토 옵션의 가격은 배당율을 $r_{\$} - r_{\text{local}} + \rho\sigma_S\sigma_{FX}$라고 조정하면 일반적인 옵션을 평가하는 것과 같음을 알 수 있다. 방정식 (12.3)에서 $r_{\$}$는 USD의 무위험 이자율이다.

12.2 합성 옵션(The composite option)

합성 옵션은 해외 주식의 옵션에 투자를 할 때, 행사가를 자국 통화로 고정하고 옵션의 수익을 자국 통화를 받고 싶어하는 투자자를 위하여 설계되었다. 환율에 상관없이 수익률을 받는 퀀토 옵션과 달리, 합성 옵션은 환율에 노출되어 있다. 합성 옵션이 거래되는 이유는 해외 투자에 있어서 자국 통화로 계산한 가치를 보호하고자 함이다. 영국 제약회사인 GlaxoSmithKline(GSK)의 주식을 소유하고 있는 미국 투자자를 생각해보자. GSK의 현재 주가는 £13.00이고 환율은 GBP 당 $2이라고 하자. 그러므로 GSK의 한주의 달러 가격은 $26이다. 투자자는 본인의 주가를 보호하기 위하여, 1년 만기 GSK의 등가격 풋옵션을 매수한다. 이것은 합성 풋옵션의 행사가가 $26임을 의미한다. 1년후에 주가가 £11.00으로 하락하였고, 환률 또한 GBP당 $2에서 $1.5로 하락하였다고 하자.(달러 강세) 이것이 의미하는 것은 GSK 주가의 달러 가격이 $26에서 $16.5로 하락하였다는 것이다. 그러나, 합성 옵션의 행사가는 달러로 환산할 때 고정되어 있기 때문에, 달러로 환산했을 때의 주가의 손실은 합성 풋옵션의 수익으로 보전이 된다. 합성 풋옵션의 수익은 달러 행사가($26)에서 GSK 주가의 달러 가치 ($16.5)를 뺀 $9.5이다.[3] 정리하면, 본인이 소유하고 있는 해외 주식을 주가의 변동 뿐만 아니라 환율의 변동으로부터 보호하고자 하는 투자자가 합성 옵션에 투자한다.

합성 옵션의 매수자가 상관계수를 매수하고 있는지 매도하고 있는지를 알아 보는 가장 좋은 방법은 짧은 시간 구간에서 합성 통화로 표현된 주가의 변화를 모델링하는 것이다. 위의 예에서 합성 통화는 USD가 된다. 12.1장과 같은 표기법을 사용하면 모델은 다음과 같다.(부록 B 참조):

$$\frac{dF_t}{F_t} = r_{\text{compo}} dt + \sigma_{\text{compo}} dW_t \tag{12.4}$$

여기에서

$$\sigma^2_{\text{compo}} = \sigma^2_S + 2\rho\sigma_S\sigma_{FX} + \sigma^2_{FX} \tag{12.5}$$

가 되고, r_{compo}는 합성 통화의 무위험 이자율이다.

위의 공식으로 부터 합성 옵션의 매수자는 상관계수를 매수하고 있는 것을 알 수 있다.

[3] 일반 옵션에 투자하여 만기에 환전을 하였다면, 수익은 $3이다. 초기 환율로 고정한 퀀토 옵션에 투자하였다면, 수익은 $4이다. (역자주)

13 장

Repo(RP)

1.3장에서 투자자가 본인이 소유하고 있지 않은 주식을 매도할 수 있다고 언급하였다. 그러나, 투자자가 매도할 주식을 대주(貸株)하여야 하기 때문에, 이것은 어느 정도의 비용이 소모되고 이것을 Repo(RP)라고 한다.[1] RP는 환매조건부거래(repurchase agreement)을 의미하여, 대부인(貸付人)이 미래의 시점에서 주식을 정해진 가격[2]으로 되사는 것을 약속하면서 주식을 파는 것에 동의를 하는 것이다. 대부인은 주식의 환수를 요청할 권리를 가진다.

여기에서는 RP의 정의를 살펴보고 그것이 옵션시장에 미치는 영향을 알아볼 것이다.

---

[1]RP를 주식 대주 시의 비용으로 이해하고 있지만, 정확한 것은 아니다. RP 금리가 Libor보다 낮기 때문에, 실제 대주 비용은 Libor와 RP 금리의 차이이다.

[2]이러한 미리 정해진 가격은 대주 시의 시장가 보다 높으며, 초기 주가 곱하기 (1 + RP 금리)로 계산한다.

13.1 RP의 예

Ahold라는 주식에 대하여 약세장 또는 부정적인 견해를 가지고 있는 투자자를 생각하자. 그는 현재 시장가로 Ahold의 주식을 매도할 것이다. Ahold의 가격이 하락하면, 그는 수익을 얻을 것이다. 그러나, 이 전략에서 그는 주식을 대주(貸株)하여야 하고, 이것은 비용이 소모된다. 일반 담보(general collateral, gc)의 경우에 비용은 대주한 액면 금액의 연 10bp[3] 정도이다.

투자자가 Ahold의 주식 10만주를 \$10에 매도하려고 한다고 해보자. 대부자가 그에게 연 10bp의 비용을 요구하면, 투자자는 이 포지션을 유지하기 위하여 연 \$1,000 ($= \frac{1,000,000}{10,000} \times 10$)의 비용을 필요로 한다.

이것은 RP의 구조를 단순화한 예이다. 실제에서는 주식을 빌리고, 빌려주는 더욱 복잡한 RP 시장이 있다. 이는 RP가 고정된 것이 아니라 수요와 공급에 의존한다는 것을 의미한다.

13.2 기업 인수시의 RP

기업인수는 대상기업의 주가에는 긍정적인 영향을 미치는 반면에 인수기업의 주가에는 부정적인 영향을 미친다. 이것의 이유는 인수기업이 기업 인수를 통해서 시너지 효과와 비용 절감 효과를 얻기를 기대하기 때문이며, 따라서 인수 기업은 대상기업의 주식에 프리미엄을 지급할 용의가 있다. 허나, 같은 시점에 대상 기업을 인수하려는 몇몇의 다른 기업이 있기 때문에, 이론

[3] 1bp (basis point)는 1%의 $\frac{1}{100}$이다.

적인 모든 시너지 효과와 비용절감이 실현이 되어야만 투자한 프리미엄을 환수할 수 있을 정도로 가격이 상승할 수 있다. 따라서 이는 만약에 예기치 않은 일들이 발생하면 기업인수가 실패할 가능성이 있다는 것을 의미한다.[4] 이러한 이유로 기업인수는 인수 기업의 주식을 매도하기 좋은 기회이고, 이것이 RP금리를 올리게 된다. 이러한 경우 연 10% 정도의 높은 RP금리를 보이기도 한다.

13.3 RP가 옵션에 미치는 영향

배당과 RP 금리는 선도가격에 같은 영향을 준다. 높은 배당과 높은 RP 금리는 동일하게 선도가격을 하락 시킨다. 이것은 RP 금리가 옵션 가격에 상당한 영향을 미친다는 것을 의미한다.

특정 주식의 RP 금리가 특정 수준이상으로 상승하면, 풋옵션의 가격은 상승하게 되고, 콜옵션의 가격은 하락하게 된다. 콜옵션과 풋옵션의 헤지 하는 방법을 고려해 보면, 이것은 당연해 보인다. 트레이더가 콜옵션을 매수하면, 포지션을 헤지 하기 위해서 주식을 매도해야 한다. RP 금리가 높다면, 주식을 매도하기 위해서 대주를 할 때 높은 금리로 차용을 해야 하기 때문에 포지션을 헤지 하기 위해서 많은 비용이 필요하다. 트레이더는 특정 내재 변동성에 대해 대가를 지불하고자 하기 때문에 RP 금리가 낮을 때 보다 콜옵션의 가격을 낮추어야 한다. 풋옵션의 경

[4]이것이 모든 기업인수가 나쁜 거래라는 것을 의미하는 것은 아니다. 종종, 비용절감을 위하여 기업들이 인수를 시도하는데, 이것은 치열한 경쟁에서 살아 남기 위하여 필요하다.

우에는 반대가 성립한다. 트레이더가 풋옵션을 매수하면, 포지션을 헤지 하기 위해서 주식을 매수해야 한다. 이 주식의 RP 금리가 높다면, 투자자는 헤지 용으로 보유하고 있는 주식을 대주 함으로써 추가적인 수익을 얻을 수 있다. 그러므로, 그는 풋옵션에 보다 높은 프리미엄을 지급하여도 기초자산을 일반 담보(general collateral)로 취급하는 경우와 여전히 같은 내재 변동성을 가진다.

13.4 현금으로 기업인수시 선도가격의 영향

기업이 현금으로 인수되는 경우도 인수 대상 기업의 옵션 가격에 큰 영향을 준다. 현금인수 제안을 주주들이 받아 들이면, 인수 대상 기업의 주가는 더 이상의 변화가 없게 되지만, 보다 중요한 선도가격이 매우 심하게 변화하기 때문이다. 예로서 Telefónica가 O_2에 제시한 주당 200펜스의 현금인수 제안을 생각해 보자. Telefónica의 제안이 공시된 이후 3개월 동안만 O_2의 주식이 거래되고, 그 후에 주식은 상장 폐지되고 주식 보유자는 주당 200펜스를 받게 된다고 해보자. 다음과 같은 질문이 떠오른다. 이러한 계약이 2년 만기 O_2의 콜옵션 가격에 미치는 영향은 무엇인가? 이것에 대하여 대답하기 위해서는 우선 O_2 주식의 변동성이 0에 가깝다는 것을 이해해야 한다. 그런 다음 O_2의 선도가격에 무슨 일이 발생하는 지 알아야 한다. O_2 주식은 3개월 후에 상장 폐지 되기 때문에 2년 만기 선도계약은 3개월 만기 선도계약과 동일하다. 3개월 이상 만기의 선도계약이 3개월 만기의 선도계약과 동일하기 때문에 3개월 이상 만기의 콜옵션과 풋옵션의 가격을 잘못 평가하기 쉽다. 특히, 배당율과 무위험 이자율의 차이가 많이 나는 경우에 오차가 더 심해진다. 이것을 이해하면, 행사가 180펜스 2년 만기의 O_2 콜옵션을 평가하는 것은 쉬워진다. O_2의 배당이 없다고 가정하면, 변동성과 선도가격으로 콜옵션의 가격을 표현한 방정식 (3.8)을 사용하면 콜옵션의 가격을 쉽게 계산할 수 있다. 이 주식은 3개월 후에 폐지되기 때문에, 이 옵션의 만기$(T-t)$는 3개월이다. 주가가 행사가 180펜스 보다 높고 변동성은 거의 0이기 때문에, 식 (3.8)의 d_1은 무한대가 되고, 그러므로 $N(d_1)$과 $N(d_2)$는 1이 된다. 이 변수들을 식 (3.8)에 대입하면, 콜옵션의 가격은 $S_t - e^{-r(T-t)}K$이고[5] 여기에서 $T-t$는 3개월이다. 이 가격은 만기가 3개월이고 변동성이 0인 옵션을 헤지 하는 방법을 고려하면 구할 수 있다. 주가가 200펜스이고 행사가는 180펜스이며 변동성은 0이기 때문에, 이 옵션의 델타는 1이다. 그래서, 이 콜옵션을 매수한 투자자는 200펜스의 가격(S_t)으로 주식을 매도함으로써 헤지를 할 것이다. 이 콜옵션으로 3개월 후에 투자자는 주식을 180펜스로 되살 수 있다. 이러한 이유로 투자자의 포트폴리오는 3개월 후에 $S_te^{r(T-t)} - K$가 된다. 3개월 후의 포트폴리오의 현가가 현재 시점의 콜옵션의 가격이기 때문에, 현재 시점의 콜옵션의 가치는 $(S_te^{r(T-t)} - K)e^{-r(T-t)} = S_t - e^{-r(T-t)}K$이다. 같은 방법으로 생각해보면, O_2의 OTM 콜옵션의 가격은 이

[5] 이 가격은 옵션이 내재가치로 마감하였을 때 유효하다. 몇몇 거래소에서는 시간가치를 보전해 주기도 한다.

론적으로 0이다.[6]

[6]실제로 현금 인수 제안을 받은 주식의 OTM 콜옵션의 가격은 0이 아닌데, 이는 투자자들이 반대 오퍼(counter offer)가 일어날 상황에 투기를 하기 때문이다.

부록 A

옵션이 내가격으로 종료될 확률

주가의 움직임이 t시점까지 알려져 있고, t시점에서 가격이 S_t이면, 배당이 없는 경우에 블랙-숄즈 공식으로

$$S_T = S_t \exp\left\{\left(r - \frac{\sigma^2}{2}\right)(T-t) + \sigma y \sqrt{T-t}\right\} \tag{A.1}$$

임을 알 수 있다.[1] 위의 공식에서 y는 평균이 0이고 분산이 1인 정규분포를 따른다. 이제, 내가격으로 옵션이 완료될 확률은 쉽게 계산이 된다. 행사가가 K인 콜옵션의 예를 들면, 만기의 주가가 $S_T > K$인 경우에 콜옵션은 내가격으로 완료된다. 그러므

[1] 원서의 수식에 오타가 있다. (역자주)

로

$$
\begin{aligned}
S_T = S_t \exp\left\{\left(r - \frac{\sigma^2}{2}\right)(T-t) + \sigma y\sqrt{T-t}\right\} > K \\
y > -\frac{\ln\left(\frac{S_t}{K}\right) + \left(r - \frac{\sigma^2}{2}\right)(T-t)}{\sigma\sqrt{T-t}} \\
= -d_2
\end{aligned}
$$

y가 표준정규분포를 가지기 때문에

$$
\text{콜옵션이 내가격으로 종료될 확률} = P(S_T > K) = N(d_2) \tag{A.2}
$$

같은 방법으로 아래를 유도할 수 있다.

$$
\text{풋옵션이 내가격으로 종료될 확률} = P(S_T < K) = N(-d_2) \tag{A.3}
$$

부록 B

합성옵션의 분산

합성옵션의 분산이 다음의 식과 같다는 것은 쉽게 증명할 수 있다.

$$\sigma_{\text{compo}}^2 = \sigma_S^2 + 2\rho\sigma_S\sigma_{\text{FX}} + \sigma_{\text{FX}}^2 \tag{B.1}$$

합성통화로 나타낸 기초자산의 움직임을 현지 통화로 표시된 기초자산과 FX의 기하평균 바스켓 옵션과 비교를 해야한다. 이 바스켓 옵션의 공식은 다음과 같다.

$$F_t = S_{t,\text{local}} S_{t,\text{FX}} \tag{B.2}$$

여기에서 다음의 관계식이 만족한다.[1]

$$\frac{dS_{t,\text{local}}}{S_{t,\text{local}}} = r_{\text{local}}dt + \sigma_S dW_{1,t} \tag{B.3}$$

$$\frac{dS_{t,\text{FX}}}{S_{t,\text{FX}}} = (r_{\text{compo}} - r_{\text{local}})dt + \sigma_{\text{FX}} dW_{2,t} \tag{B.4}$$

여기에서 아래의 두 식을 주의해서 살펴보자.

$$\begin{aligned}\text{Var}[\ln(F_t)] &= \text{Var}[\ln(S_{t,\text{local}}S_{t,\text{FX}})] \\ &= \text{Var}[\ln(S_{t,\text{local}}) + \ln(S_{t,\text{FX}})] \\ &= (\sigma_S^2 + 2\rho\sigma_S\sigma_{\text{FX}} + \sigma_{\text{FX}}^2)\, t \end{aligned} \tag{B.5}$$

그리고,

$$\begin{aligned}\text{E}[\ln(F_t)] &= \text{E}[\ln(S_{t,\text{local}}S_{t,\text{FX}})] \\ &= r_{\text{local}}t + (r_{\text{compo}} - r_{\text{local}})t \\ &= r_{\text{compo}}t \end{aligned} \tag{B.6}$$

그러면, 합성통화로 나타낸 주가의 움직임은 식 (12.4)로 표현이 된다.

---

[1] 식 (B.3)을 직관적으로 이해하기 위해서, FX의 변동성이 0인 경우를 생각하는 것이 좋다. 그러면, 두 통화 사이의 무위험 이자율의 차이만이 환율의 변화 원인이 된다. 이 경우에

$$S_{t+dt,\text{FX}} = S_{t,\text{FX}} \cdot \frac{1 + r_{\text{compo}}dt}{1 + r_{\text{local}}dt}$$

이며, 테일러 전개를 이용하면 위의 식의 우변은 $S_{t,\text{FX}}(1 + (r_{\text{compo}} - r_{\text{local}})dt)$와 같다.

참 고 문 헌

Aarts, P. (1999). Pricing the basket option and exploring its volatility structure. Mathematics thesis, Utrecht University, Utrecht, The Netherlands.

Durrett, R. (1996). *Probability: Theory and Examples*, 2nd edn. Duxbury Press, Belmont, California.

Grimmett, G.R. and D.R. Stirzaker (1992). *Probability and Random Processes*, 2nd edn. Clarendon Press, Oxford, UK.

Hull, J.C. (1993). *Options, Futures, and Other Derivative Securities*, 2nd edn. Prentice Hall, Englewood Cliffs, New Jersey.

Hull, J.C. (1997). *Options, Futures and Other Derivatives*, Prentice Hall, Englewood Cliffs, New Jersey.

Lamberton, D. and B. Lapeyre (1996). *Introduction to Stochastic Calculus Applied to Finance*, Chapman & Hall, London.

Roelfsema, M.R. (2000). *Exploiting the Dependencies between Index and Stock Options*. Delft University Press, Delft, The Netherlands.

Weert, F.J. (2002). Basket en skew arbitrage. Mathematics

thesis, Utrecht University, Utrecht, The Netherlands.

Wilmott, P. (1998). *Derivatives: The Theory and Practice of Financial Engineering*, university edn. John Wiley & Sons, Chichester, UK.

옵션운용입문

지은이 Frans de Weert
옮긴이 추정호 · 구교진 · 황보승우
펴낸이 박문규
펴낸곳 KM 경문사
펴낸날 2011년 11월 1일 1판 2쇄
등 록 1979년 11월 9일 제9-9호
주 소 121-818, 서울특별시 마포구 동교동 184-17
전 화 (02) 332-2004 팩스 (02) 336-5193
이메일 kms2004@kyungmoon.com

값 11,000원

ISBN 978-89-6105-317-4